RANG
JIATING
YUANLI
FUBAI

让家庭远离腐败

30个家庭腐败典型案例的警示与忏悔

本书编写组 ◎编写

中国方正出版社

前　言

党的十八大以来，习近平总书记在不同场合多次谈到，“领导干部的家风，不是个人小事、家庭私事，而是领导干部作风的重要表现”，强调“家庭的前途命运同国家和民族的前途命运紧密相连”，“不论时代发生多大变化，不论生活格局发生多大变化，我们都要重视家庭建设，注重家庭、注重家教、注重家风”。在我国，家庭作为以婚姻和血统关系为基础的社会单位具有特殊地位，人们普遍怀有强烈而厚重的“家庭情结”“家国情怀”，我们必须重视家庭、珍爱家庭、呵护家庭。

然而在现实中，一些领导干部信念动摇、道德滑坡，自身不廉、滥权腐化，对待家庭问题重视不够，家风不正、管束不严，加之亲属贪图奢华享受，恣意行事、借机贪腐，导致家庭腐败，甚至扩散而致家族式窝案、家族式腐败。家庭腐败危害极大，不仅泯灭亲情，毁害家庭，而且祸及社稷。因腐败之害导致妻离子散、老悲幼寒、有家难回、无法团圆的不在少数。阅尽腐败家庭沧桑事，不由得发出喟叹：腐败毁了家庭！

家庭腐败根在权力腐败，是权力腐败依其传染性不断向家庭渗透、向家族扩散、向社会蔓延的恶果。家庭腐败因家庭私欲而萌发，因家庭参与而推动，因家庭获利、亲属受益而完成。一些领导干部的亲属在分享权力腐败“红利”的同时，产生“亲自体验”的冲动和欲望，冲到权力运行一线，介入权力运行过程，直接实施腐败。他们或者借助领导干部影响谋利，或者与领导干部分工负责、相互配合，联手实施。一些领导干部不仅本人利用职权大搞权钱交易，而且纵容家属收钱敛财，放任子女等利用本人影响大发不义之财，有的甚至将从政多年积累的“人脉”和“面子”，全都用在为家庭非法牟利上。腐败在官员与亲属之间交相互动，在亲属之间不断发酵，彼此影响，恶性发展，形成各式各样的家庭腐败形式，如“全家腐”“贪腐一家亲”“贪腐父子兵”“受贿夫妻档”等。

“家风纯正，雨润万物；家风一破，污秽尽来。”近年来查处的许多腐败案件表明，导致家庭腐败除领导干部自身思想不纯、信念动摇、放弃操守、约束不力等原因之外，家风败坏、对家人及亲属管束不严也是重要原因。许多出问题的领导干部普遍存在家规不严、家风不正的问题。对于普通家庭来讲，家风不正、管教不严，只是容易招惹祸端而已，但是对于领导干部来讲，如果家风崩毁，不仅会祸害家庭，还会直接损害党和政府的形象。

随着全面从严治党的深入推进，重视家庭家风建设，筑牢反腐败的“家庭防线”，意义重大而深远。“妻贤夫祸少，子孝父宽心。”家庭应当成为领导干部清正廉洁的“助推器”。作为领导干部的亲属，理应多为领导干部着想，当好反腐“宣传员”“监督员”，常念“廉政经”，多吹“清正风”，提醒领导干部常怀律己之心、常修为政之德、常思贪欲之害，做到廉洁奉公、勤政为民。领导干部本人，除了需要在思想上“补钙”，精神上“筑坝”，行动上克己奉公、严格自律，还应严格要求和教育家人洁身自爱，遵纪守法，避免“后院起火”，不给腐败以任何可乘之机。为此我们精选一批家风不正、家庭腐败典型案例，编写了本书，目的在于揭示家庭腐败危害，提高广大党员干部对家庭廉洁重要性的认识，积极倡导反对、遏制家庭腐败，呵护家庭，让家庭真正远离腐败困扰，避免家庭腐败悲剧发生。

本书共分三个部分。一是“切莫让腐败毁了家庭”。全面描述了家庭腐败现象，历数家庭腐败种种现状，痛陈腐败之害，深入理性剖析，提出破解家庭腐败之路及防范对策，强烈呼吁呵护家庭，让家庭远离腐败，防止腐败悲剧。二是“惨痛教训：家庭腐败悲剧实录”。通过家庭腐败具体案例，启迪领导干部关注家庭腐败，吸取教训，引以为戒，思考如何与亲属相处，如何正确对待感情亲情，如何正确教育子女。三是“悲情忏悔：愧对家庭”。通过摘选腐败官员的痛苦忏悔，揭示他们对家庭腐败的认识，对自身堕落的深刻检讨，对受害亲属的深深愧疚，对幸福家庭生活的热切期盼，对他人的真诚忠告和人生劝诫，提醒大家切莫蹈其覆辙，别再误入歧途。本书说理透彻、论述生动、案例丰富，既适合广大党员干部开展家风教育学习使用，同时也适合党员干部家属和普通读者阅读。

编　者

2019 年 7 月

目　　录

第一部分　切莫让腐败毁了家庭

第二部分　惨痛教训：家庭腐败悲剧实录

第三部分　悲情忏悔：愧对家庭

第一部分

切莫让腐败毁了家庭

中华民族自古以来就重视家庭、重视亲情。家和万事兴、天伦之乐、尊老爱幼、贤妻良母、相夫教子、勤俭持家等，都充分体现了中国人强烈而厚重的“家国”情怀。家国天下是中华民族的特有情怀。国是躯体，家是细胞。“国”与“家”相连，“家”与“国”相依，一个家就是国的最小单元，若干个家合起来就是国。“国家”是中华民族独有的概念，英文、法文、德文的“国家”一词中都没有“家”的含义，只有我们的国文中才把“国”叫作“国家”。家庭的前途命运同国家和民族的前途命运紧密相连。家庭和睦则社会安定，家庭幸福则社会祥和，家庭文明则社会文明。

习近平总书记强调：“家庭是社会的基本细胞，是人生的第一所学校。不论时代发生多大变化，不论生活格局发生多大变化，我们都要重视家庭建设，注重家庭、注重家教、注重家风。”从个人层面讲，家庭首先是个人生存、生活、成长的地方，是人生的第一个课堂，是提供动力的精神家园，还是与亲人进行感情交流的温馨空间，是赡养老人、抚养儿童的天伦乐土。从社会层面讲，家庭既是社会问题集中反映的晴雨计，也是社会矛盾分散承担的微载体，还是化解社会冲突归于无形，重新融合、再造和谐的过滤器。但是家庭承受社会矛盾是有限度的，一旦突破了压力极限，将不可避免地导致家庭悲剧，将原本幸福、温馨之家撞击得支离破碎、难以恢复。家风好，就能家道兴盛、和顺美满；家风差，难免殃及子孙、贻害社会，正所谓“积善之家，必有余庆；积不善之家，必有余殃”。

从近年来查处的腐败案件看，涉及家庭腐败的不在少数。家庭腐败不断地制造家庭悲剧、社会悲剧。腐败源于权力滥用，具有强烈的腐蚀性、广泛的渗透性和不止的扩张性。腐败在按其特有规律滋生蔓延的过程中，必然影响甚至危害与公职人员、领导干部关系最为密切的家庭。一些家庭可能因腐败而获得一定的利益，但随着腐败行为的暴露，这些家庭无一幸免地成为腐败的受害者。

一、权力腐败衍化形成家庭腐败

习近平总书记一针见血地指出：“不少领导干部不仅在前台大搞权钱交易，还纵容家属在幕后收钱敛财，子女等也利用父母影响经商谋利、大发不义之财。有的将自己从政多年积累的‘人脉’和‘面子’，用在为子女非法牟利上，其危害不可低估。”十八大以来落马的苏荣、周本顺、刘铁男等“大老虎”违纪违法的行为背后，都有其配偶、子女违规经商谋取利益的身影。随着领导干部个人权利腐败的衍化，腐败被不断揉进“家庭元素”，烙上了深深的家庭印记。一方面，领导干部为了家庭而腐败；另一方面，腐败已经不是由领导干部单独实施，而是由领导干部的亲属参与实施或者共同实施。

家庭腐败是腐败家庭化的结果，腐败家庭化是腐败传染、扩张的产物。腐败源于权力，权力产生腐败。掌管、行使权力的人根据授权或者委托从事公务，应该依法履职，完成委托事项。但是在实际过程中，一些人亵渎权力，以权谋私，导致腐败。从源头而起的腐败具有强大的活力，如果环境适宜，扩张会十分迅速。在腐败渗透、扩张的过程中，首受其害的是家庭。腐败渗入作为社会细胞的家庭经历了一个过程，这个过程就是腐败家庭化的过程。腐败家庭化是腐败由领导干部个人实施向家庭成员共同实施的转化，是腐败通过家庭关系、家族关系向社会渗透、蔓延的重要标志。家庭在受到腐败进攻、侵蚀和威胁的同时，会应激地产生一定的防御功能。几个回合下来就会出现一定分化，大部分家庭坚定地守住了廉洁阵地，但也有些家庭会招架不住，向腐败投降，甚至出现倒戈，成为腐败的直接帮凶。

有人从一系列党员干部腐败案例中提炼归纳了腐败家庭化现象的一般情形，即：官员利用手中的权力进行腐败，家属帮助受贿或利用其他手段，将其权力“变现”，形成家庭窝案，最终家庭成员共同受到党纪国法惩处。在家庭腐败中，领导干部处于核心地位，是权力腐败的源头，他（她）们利用权力、影响为家庭腐败提供便利、资源，家庭成员依此来满足个人或者家庭需要。在此过程中，领导干部或者单独实施，或者与家庭成员共同谋划、运作，或者是家庭成员共同参与具体事项，通过配合、协作将领导干部的权力和人脉关系转化为现实利益。

近些年来查处的家庭腐败案件也呈现出不少新的特点，如家庭腐败总量多、波及范围广、腐败数额大、领导级别高、腐败手段复杂隐蔽等。如：周永康利用职务便利为多人谋取非法利益，通过家人收受巨额贿赂；薄熙来接受公司请托，为公司提供帮助，通过妻子、儿子收受财物；令计划为他人谋取利益，明知并认可妻子收受他人贿赂；白恩培为他人谋取利益，直接或者通过其妻非法收受他人财物；苏荣纵容妻子、儿子、女婿腐败，将家庭变成权钱交易所；周本顺为他人提供帮助，直接或通过家人先后多次收受他人财物；刘铁男为他人谋取利益，通过儿子收取贿赂；王敏放纵妻子、女儿、女婿靠自己的权势共同敛财，等等。

此外，典型的家庭腐败案例还包括：广东省财政厅原副厅长危某腐败案件中，妻子、岳母、兄弟、妻妹等近亲属全部涉案，分别担当不同角色，形成了一个以危某为核心，其妻操盘，岳母、哥哥等协助的“家庭腐败团队”；浙江巨化集团公司原董事长叶某腐败案，形成了“妻子收钱，丈夫办事”的固定模式；山东省巨野县原县委书记刘某受贿案，作为典型“卖官书记”的刘某与妻子两人合开“卖官敛财夫妻店”，一个台前、一个幕后，一个卖官、一个敛财；安徽省合肥市人大常委会内务司法工作委员会原主任方某、淮南市委原书记方某某两亲兄弟同在政府担任重要领导职务，联起手腐败，“兄弟同腐，其利千金”，等等。

大量触目惊心的案例告诉我们，领导干部一定要做到个人感情与党纪国法分清、公权力运用与个人和家庭利益分清、职务行为与私人行为分清，不为亲情所困，不用亲情代替原则，更不能为了亲情损害党和人民的利益。必须对配偶、子女严格要求、严加管教。既要严于律己，又要从严治家；既要把好廉洁自律的“前门”，又要守好家庭防线的“后门”。如果领导干部不能慎用手中的权力，对家人的不当行为不加约束纠正，甚至打气撑腰，到头来的结果只有一个：人前“同气连枝”，狱中“同病相怜”。

二、家庭腐败的形式与特有现象

家庭腐败的形式多样，有的是领导干部单独贪污受贿供家庭所用；有的是家庭成员对领导干部腐败视而不见，只是坐享其利；有的相互之间同流合污，一起腐败，共同受贿；有的通过配偶、子女受贿，一个前台办事，一个后台受贿，配合默契；有的家庭成员借领导干部的权力和影响收取贿赂，甚至直接索取贿赂，通过帮人找关系、走门子、办调转、拉项目、提官职等收取贿赂；有的授意请托人“照顾”子女经营的公司，利用权力给家庭成员或开办公司，或接项目，从中渔利；有的在案发后订立攻守同盟，帮助转移、窝藏赃款赃物，为官员腐败开脱罪责等。

大体说来，家庭腐败的形式主要有三种：夫妻腐败、“衙内现象”和全家腐败。

（一）夫妻腐败是家庭腐败最为重要的形式。主要有以下两种具体类型：

（1）“贪内助”现象

夫妻是家庭的主角，必然在家庭腐败中发挥主要作用。在这里存在两种情形，一是丈夫为官，妻子协助，也有一些是妻子为官，丈夫协助。事实上，大量家庭腐败背后都有“贪内助”，他们对腐败起到了推波助澜作用。很多领导干部腐败都离不开“枕边人吹邪风”。他们或充当“经纪人”，为配偶权力代言，明目张胆与人谈条件；或者充当“批发商”，倒腾公共资源，进行权力寻租。其基本形式就是夫妻“二人转”：领导干部前台办事，配偶后台受贿。

（2）夫妻共同腐败

很多是夫妻两人分别实施腐败，但有时还紧密合作，共同腐败。有的夫妻都是党员领导干部，各有自己的“圈子”，分别实施腐败。如，黑龙江省牡丹江市公安局原局长韩某与黑龙江省海事局原党委书记卢某，夫妻两人身处不同岗位，但目标一致，即疯狂敛财。卢某被以贪污罪、受贿罪、行贿罪判处八年有期徒刑，韩某被以受贿罪、行贿罪、滥用职权罪、巨额财产来源不明罪判处无期徒刑，没收个人全部财产。有的夫妻之间地位平等，各担角色，共同谋划，密切配合，协作腐败。例如，中国建材工业对外经济技术合作公司期货交易部原经理陈某一直从事期货和股票交易，爱人高某则注册了三个公司从事证券、期货业务。夫妇一唱一和、相互配合，利用公家的资源谋取私利。陈某以公家的名义与高某的私人公司签订假合同搞合作，用公款委托高某在股市上操盘。这样，数百万的国有资产不知不觉地流入他们个人腰包。

（二）“衙内现象”是腐败家庭化的另一种重要形式。所谓“衙内现象”，是指一些党员领导干部，通过让子女经商办公司，再以自己的权力施加影响，帮助子女大肆捞钱，实现“权力变现”。这是一种比较隐秘的腐败方式，因而一些领导干部乐此不疲，在社会上造成了恶劣的影响。有的是子女利用父母的权力、影响和人脉关系搞经营，赚大钱；有的是子女直接以父母名义受贿；有的领导干部暗中参与子女公司的经营管理；更多的是领导干部与子女共同贪污、受贿敛财的情形。

“衙内现象”被进一步演绎后，发展成了直接的权钱交易行为。例如，国家发改委原副主任、国家能源局原局长刘铁男在孩子培养上下了很多功夫，操了不少心。刘铁男本来想找一些企业主当个“参谋”，好好带带儿子，学习经商。但是儿子刘德成与父亲所请的“参谋”之间没有形成真正的学习关系，反而生成了利益共同体。刘德成领悟父亲的“捷径教育”，凭借父亲之力打通多条快捷致富之路，直接靠父亲职权把钱拿到手里，省去了一个“赚钱过程”。他办空壳公司，空手套白狼；“关联交易”，收受钱款；挂名领薪、入股分红、索要车辆。刘德成在刘铁男的“帮助”下轻松获取巨额财富，但是这些财富却催生和加剧了他的堕落。

（三）大量的家庭腐败表现为家庭成员齐参与的全家腐败模式。这种模式形成以领导干部为核心的腐败集体，他们有目的、有选择地实施腐败活动，常见的方式是领导打招呼、批条子，家庭成员帮人办事收取贿赂。

山东省淄博师范高等专科学校原党委书记张某一案就是典型的“全家腐”。2014 年 7 月 17 日，淄博市中级人民法院一审以犯受贿罪、贪污罪、挪用公款罪，判处张某无期徒刑，剥夺政治权利终身，并处没收个人全部财产。经查，2002 年至 2012 年，张某利用职务便利，为他人谋取利益，索取或收受他人财物，折合人民币共计 864 万余元。2007 年至 2012 年，张某利用职务便利，侵吞单位公款，共计324万余元。2004年，张某利用职务便利，分两次将单位公款1000万元借给他人用于经营活动，谋取个人利益。此案涉案党员和公职人员43人，张某的妻子、女儿、妻兄、妻弟、妻妹均牵涉其中。张某的妻子、女儿、亲属因涉案受到刑事处罚。妻子因犯受贿罪被判处有期徒刑十年；女儿因犯受贿罪被判处有期徒刑三年，缓刑五年；妻妹因犯掩饰隐瞒犯罪所得罪、伪证罪被判处有期徒刑三年，缓刑四年；妻弟因犯掩饰隐瞒犯罪所得罪、伪证罪被判处有期徒刑一年六个月，缓刑两年，并处罚金5000元；其妻兄因犯伪证罪被一审判处有期徒刑一年六个月，缓刑一年六个月。

三、腐败泯灭亲情、毁害家庭、祸及社稷

家庭腐败是一种特殊的腐败形式，也是一种特殊的社会现象，反映的是腐败问题，折射的是社会问题。家庭腐败危害严重，体现在很多方面。

首先，家庭腐败对领导干部个人具有持续的腐化效应。领导干部之所以陷于家庭腐败主要是缘于亲情，基于血缘关系和特殊感情，才会利用权力为家庭和亲属谋取一定利益。但是，由于受到亲情牵制，往往无法摆脱，结果沉陷其中，无法自拔。腐败带来的短期收益，家庭成员的兴奋喜悦和信任肯定，都会对领导干部产生一定的刺激，使他更加深陷其中。

其次，家庭腐败对家庭成员或者亲属产生恶劣影响。家庭腐败的短期收益对家庭成员形成诱惑，使其产生依赖心理。时间一长，便会产生腐化其心、弱化其志、动摇其本、毁损人品的恶

果。受家庭腐败影响最深的是配偶和子女，尤其是子女。家庭腐败相当于在无形中对子女进行了一场腐败教育，既输入了错误的理念，又传递了不廉习惯。例如，刘铁男从小对儿子进行“捷径”教育，灌输“走捷径”的理念，深刻影响了孩子的人生观、世界观、价值观，让孩子放弃稳重踏实做事的作风，过分重视结果而忽视了过程，使孩子患上强烈的“依赖症”，成为彻头彻尾的“啃老族”。

再次，家庭腐败泯灭亲情，破坏家庭。“人非草木，孰能无情。”党员干部不仅有感情，而且重亲情。亲情在人的一生中占有不可替代的位置，浓浓的家庭亲情成为维系家庭和社会的重要纽带。然而，在腐败面前，亲情遭受到无情破坏。伴随着腐败行为被查处，家庭必然遭到严重破坏，热闹变冷清，温暖变凄凉，夫妻离散，父母无人照看，子女无法抚养，兄弟姐妹不能相见，亲戚朋友变成陌路，等等。一些腐败严重的家庭尤其悲惨，夫妻、父子、兄弟、姐妹被同堂受审、一同判刑，形成全家“覆没”的家庭悲剧。

又次，家庭腐败增大了腐败的隐蔽性。由于家庭成员的参与，使得腐败行为迂回、复杂、分散，不易直接追查。加上家庭成员对腐败的掩护，通过销毁证据、藏匿赃款赃物等方式对抗调查，使得查处工作难度增大。

最后，家庭腐败破坏社会，加剧腐败危害。家庭腐败本是权力腐败异化、严重的体现，反过来又进一步增强腐败的腐蚀性，使得腐败进一步恶化。一是家庭腐败推动不同家庭对腐败获益进行相互攀比，从而促使腐败迅速从一个家庭向另一个家庭传染，加快了腐败传染速度，加深了腐败恶劣程度。二是家庭腐败逐渐向"家族"腐败衍化，产生腐败辐射效应。三是腐败的家庭化、家族化加剧了社会成员之间贫富分化，形成了以家族为核心的少数财富集团。四是腐败者尤其是家庭成员得金容易，花钱轻松，很容易导致其丧失道德，甚至生活糜烂。五是家庭腐败使社会公众心态失衡，破坏社会公德，腐蚀社会文化。

四、是什么导致家庭腐败

为什么会产生家庭腐败呢？这与权力腐败具有使腐败家庭化的天然属性有关，与家庭是社会基础单元的社会结构也有关。权力腐败在社会中传染、扩张，必然会增加了腐败的家庭元素，即腐败家庭化是权力腐败异化、衍生的产物。具体讲，存在以下方面的原因：

（一）社会文化中存在导致家庭腐败的因素。家庭腐败与"家"的观念息息相关，在我国有很深的文化背景和历史渊源。当然，人与人不同，"家"与"家"相异。历史上、现如今都有无数的廉洁家庭，不胜枚举。但不可否认的是，一些人对"家"的理解又确实存在庸俗化的一面，世俗、功利都会诱发甚至促进家庭腐败。因受官本位思想影响，很多人一生追求做官，因为权力观、地位观、金钱观存在错误，不少人在做官之后就疯狂敛财。"一人得道，鸡犬升天"，进一步就是"一人当官，全家受益"。官员同时承担家庭角色和社会角色，既要担当社会角色，履行公职职责，又要在家庭中担当居于主导地位的家庭角色，承担维护家族利益的"责任"，但是两者发生冲突之时，如果"私"

字当头，难免无法正确处理。做官本是公职，要为公家办事，为群众服务，但是一些官员“三观”扭曲，不是为了民生，而是为了光宗耀祖，必然会公权私用，用手中权力实现家庭、家族的利益。

（二）家庭、家族都有借领导权力追求、扩张利益的逐利冲动。在我国社会结构中，家庭的地位是基础性的。家庭可以借助领导干部来实现其家庭利益，也可以帮多个家庭实现家族利益。如果家庭或家族将获取钱财的希望寄托于领导干部权力和影响，那么很容易将腐败当作最为快捷的谋利途径。腐败可以迅速帮助家庭掘取财富，也可以帮助其家族来获取不菲利益。这种逐利冲动来自于家庭成员的个人需求，或者家族成员的需求。领导干部需要钱，家庭也需要。即使领导干部本人不需要，家庭或者家族也可能需要，甚至很多。家庭和家庭之间的攀比还会增强这种逐利需要，导致产生更强烈的财富需求，为满足其需求而推动官员实施腐败。

（三）领导干部的私心贪念膨胀，借用公权“惠”及家庭。权力不仅会影响领导干部本人，而且可以惠及，甚至腐蚀亲属。一些领导干部过分注重个人利益和家庭利益，就可能为了家庭不惜牺牲国家利益和公共利益。这实际上是由其私心作怪引起的，领导干部除满足本人的私欲之外，进一步“惠”及家庭，利用权力满足家庭甚至家族的需求。这种满足家庭需求和亲情需求的欲望导致产生家庭腐败动机。例如，湖北清江水电开发有限责任公司原董事长汪某受贿案。汪某十分顾家，费了不少心思，不惜动用权力为亲人“着想”，实际上是为亲情所累。他接受房地产商胡某的“好意”，为大女儿安排工作，安排女儿出国学习，由胡某承担所有出国费用和国外开支。为了在深圳工作的二女儿，汪某接受房地产商王某在深圳买的一套住房，用女婿的名字办理了过户手续。

（四）领导干部对家属管束不严。对腐败的态度不同，对家属管束力度不同，产生的结果会完全不同。有的党员领导干部对家属要求严格，不准他们插手管辖事务，不准接受请托，不准借权收受他人财物，所以保持了家庭廉洁。但是也有不少领导干部，对家属过分迁就，有的在家庭中定力不强，经不住枕边风的吹拂，很快动摇；有的对妻子、子女参与腐败行为不管不问，听之任之。结果，导致家庭腐败不断发生。例如，全国政协原副主席苏荣对妻子于丽芳管束不严，是导致家庭腐败的重要原因。于丽芳经常受人之托，让苏荣安排请托事项，甚至依仗苏荣的职务影响，直接给一些地市领导打招呼提拔干部。如果安排不得力，她就会向苏荣施压。苏荣如果没能给解决，或者没能如愿，她都会大吵大闹，闹得苏荣没办法，只得妥协，息事宁人。

（五）领导干部对子女教育不科学，管理不合理。由于对子女过分溺爱，不仅娇生惯养，而且代替其劳动，不仅为他们找工作，安排事情，而且帮助他们赚钱，结果为儿女所累。例如，吉林省原政协委员乔某过分溺爱儿子，对儿子的要求，总是百分之百满足，完全不顾是否违法犯罪。儿子要房子，用公款给买房子；儿子要车，把公车给他；儿子做生意，从公款中取钱给他。有一次儿子提出要用 200 万元做生意，他就从某地给搞了 200 万元。

（六）为了掩饰本人腐败而导致家庭腐败。一些党员领导干部之所以让亲属参与腐败，或者是放任亲属腐败，更多的是从自身安全考虑，认为这样就能将贪腐责任推到亲属和家人身上，开脱自己的罪责，结果导致家庭腐败。当然，在这个方面，一些党员领导干部存在错误认识，或者侥幸心理。例如，浙江省巨化集团公司原董事长叶某所收受贿赂很大一部分是妻子黄某收受的，叶某不直接参与，他们形成了“妻子收钱，丈夫办事”的固定模式。之所以这样做，是由于叶某为自己考虑，认为这样做安全，与自己无关，所以事发后他感到特别对不起妻子。

（七）社会上不法人员围猎所致。行贿人围猎领导干部并不都能顺利得手。一些行贿人发现领导干部自身不易腐蚀之后，往往就会另谋出路，转而将腐蚀的目标转向领导干部的亲属和家人，走“夫人路线”“公子路线”“公主路线”，通过贿赂官员的子女、妻子，转而请求官员为其帮忙。例如，2009 年山东省巨野县乡镇党政主要负责人面临调整，孔某想调到田桥镇任职，就去找县委书记，并送去 3 万元现金，但是被拒绝。孔某不死心，转而开始走“夫人路线”。经孔某了解，县委书记的妻子江某爱打羽毛球，就摸准时间，经过数次守候等候江某，终于敲开了江某这扇“门”，很快经夫人江某协调，由镇长调为镇党委书记。

五、让家庭远离腐败

家庭腐败具有严重的破坏性和社会危害性，需要全党全社会的高度重视，也需要每一位领导干部及其亲属的重视。只有针对家庭腐败暴露出来的各种问题，围绕家庭腐败各种诱因，采取有针对性的措施实行综合防治，才能真正呵护家庭，让家庭远离腐败，避免悲剧发生。

（一）党员领导干部应从自身做起，严格自律，管好自己。导致家庭腐败的原因很多，但首要的还是党员领导干部本人，他们是家风建设的第一责任人。治理家庭腐败应先从党员领导干部本人修身开始。我国注重治家之道，“修身、齐家、治国、平天下”为很多人所尊崇，修身是其中的第一条。党员领导干部能否廉洁，很大程度取决于其个人修养。通过自我修养，一身正气，充满正能量，才能很好“齐家”，在管好自己的同时以身示范，作出表率，带好、管好家人。通过廉洁自律、清白做人、干净做事，为子女做廉洁榜样，树立良好形象，为家庭廉洁奠定基础。也只有这样，才能面对一些家人的腐败“诱导”有足够的“定力”，避免因家庭成员劝说或者因妻子吹“枕边风”就动摇不定，滑向腐败。

（二）树立正确的家庭观和教育观，管好妻子、儿女。党员领导干部爱家，固然是件好事情，但是如何管家、持家却并不简单。一是要有正确的家庭观。要明白党员干部家庭在社会中的重要影响，对本人工作、生活、事业的重要作用，要明确是非，遵守道德，树立美德，促进幸福、和谐，建设良好家风。要深刻认识家庭廉洁的重要性，清醒认识家庭腐败的危害性，拉起家庭防腐反腐警戒线。二是要有正确的家庭观、幸福观。“家之兴替，在于礼义，不在于富贵贫贱。”家庭幸福来之不易，既是努力工作的回报，也是长期生活累积的结果。但是靠一步一步努力获得、靠一点点积累起来的家庭幸福，如果因腐败毁掉却很简单，所以必须倍加呵护。家庭廉洁是守护家庭幸福的基本保障。三是要正确对待儿女。很多贪官之所以腐败，是因为想为子女留下丰厚家产。清代名臣林则徐曾经说过：“子孙若如我，留钱做什么，贤而多财，则损其志；子孙不如我，留钱做什么，愚而多财，益增其过。”这句话对于广大党员干部如何教育和对待子女很有启示意义。子女教育应该更多地注重品德教育和能力培养，培养他们自立生活，学到生存本领，才是真关心，真爱护。四是要学会做爱人思想工作。俗话说，妻贤夫祸少。通过思想教育，引导、启发爱人保持廉洁。爱人事业上支持、感情上温存、生活上关心，是党员干部成功的必备家庭要素。如果爱人能主动助廉，那么党员干部就多了一道廉洁保护线。五是定下规矩，严格管束妻子、子女。从不准干预政事、不准接受请托、不准私自收钱、不准违规经商办企业等方面，定下家庭规矩，拉起家庭防线。对亲属子女应当实行严格教育、管理、监督，发现问题则应及时提醒、予以纠正。不能纵容、默许亲属利用自己的职权或影响谋取私利，以免“后院起火”，养痈遗患。

（三）家庭成员应当更多地为党员干部着想，做促进党员干部廉洁自律的好帮手。“君子爱财，取之以道。”在现代社会，每个人都不能不考虑经济利益，但是赚钱须取之以道，依法合规，不能见钱眼“红”，伸手太“长”，否则会害人害己。作为党员干部家属，应当更多为党员干部着想，在物质生活方面学会自我管控，做到“知足常乐”，避免滋生贪婪之心，更要避免恶性膨胀，做出破坏规矩、越过纪律法律底线的行为。如果因为个人物质需求，出于贪婪欲望而利用、借用领导干部的权力为己谋利，影响了党员干部的事业和前程，那么将得不偿失。

（四）强化对党员领导干部及其家庭的全面监督。加强对党员领导干部的监督、防止其腐败是首要的。为了防止家庭腐败，首先要加强对领导干部本人的监督，同时要加强对其家庭成员的监督。应当通过缜密、高效的监察、制约，及时发现和查处党员干部及其家属的违纪违规行为，通过外部约束遏制官员的贪婪之心和腐败行为。如果发现党员干部的家庭成员有违反纪律、违法违规的行为，存在利用领导权力腐败的苗头、迹象，那么应及时地对党员干部开展诫勉谈话，防止腐败进一步恶化、发展。对于党员干部的家庭，应当重点加强对党员干部配偶、子女从业情况的监督检查和约束措施。实行党员干部配偶子女从业情况申报登记，不允许对党员干部的亲属搞特殊照顾，不允许为其谋取不正当利益打开方便之门。

（五）主动接受警示，吸取教训，引以为戒。明智的党员干部和家庭成员都应当学会借鉴，从已经发生的家庭腐败案件中吸取教训，避免重蹈覆辙。专门机关或者有关组织，可以专门组织领导干部家属通过参观警示教育基地、监狱等场所，或者听廉政教育课，增强他（她）们的法律意识和廉洁意识。

六、家风建设至关重要

习近平总书记指出："中国古代历来讲格物致知、诚意正心、修身齐家、治国平天下。从某种角度看，格物致知、诚意正心、修身是个人层面的要求，齐家是社会层面的要求，治国平天下是国家层面的要求。"家风是社会风气的重要组成部分，良好家风对于个人、家庭、社会和国家的发展都具有重要意义。

（一）家风是传承道德文化的重要力量。知礼仪、重家风是中华民族的优秀传统，优良家风的传承是中华文明薪火相传、生生不息的一个重要原因。家风既是道德教化的载体，也是家族精神的体现。家风能维护社会秩序，也能传承历史文化。好的家风如同无声教诲，助人立德立言成才，让人铭刻在心、代代受益。包拯要求后代不犯赃滥，不违其志，否则就不是包家子孙，死后不得葬在包家祖坟。岳母在岳飞背上刺下“精忠报国”，岳飞又严格教育儿子一心报国。

（二）家风具有“教化”之功。家庭道德特征鲜明，家训反映了家庭核心价值观，家规是家庭纪律规定，这些都是家族自豪感的源泉。家风作为潜在、无形力量，能够在潜移默化之中影响人心，塑造人格，可以讲是最基本、最直接、最经常的教育。好的家风会起到良好的教育、感化、同化作用，增强荣誉感和尊严感，凝聚家庭、家族人气，增强家族认同感。家风的教化与刚性的法治殊途同归，既可以助善抗恶，也能促进社会道德和社会法治。

（三）家风能促进形成良好社会风气。家风是历久弥新的道德文化，是根深蒂固的品格气质，是为人处世的良好风范，是工作生活的基础格调。家风连着民风，连着党风，连着国风。家风影响民风，影响党风，汇成社风，聚成国风。从此出发，可见家风是社会民风社风的根基，也是社会和谐的基础。现代社会，很难出现像传统社会一样的大家庭、大家族，但无数“小家庭”的家风依然可以影响、汇合成社会风气，对形成良好社会风气有相当重要的作用。家风正，则民风正、社风正、党风正、国风正。反之，“家风”不正，社会风气就很难“正”起来。

《礼记·大学》中说：“所谓治国必先齐其家者，其家不可教而能教人者，无之。”注重家风是中华民族的优秀品格，也是党的优良传统，良好家风是中华文明的重要组成部分，是我们成长的营养剂。广大家庭都要弘扬优良家风，以千千万万家庭的好家风支撑起全社会的好风气。特别是广大党员干部，要带头抓好家风，努力成为全社会的道德楷模，带头践行社会主义核心价值观，带头注重家庭、家教、家风，时刻保持共产党人的高尚品格和廉洁操守，以实际行动带动全社会崇德向善、尊法守法。当前，为了做好家风建设，广大党员干部可以从三个方面着手：

一是要立德、立规、立志、立言。广大党员干部首先要从精神上、信念上、思想上为家风建设明确方向，定下基调。要树立道德标准，强化道德培养，以德为先。要立下家规，给家庭定下立身持家的主要规矩。要立志，引导子女做人气节和骨气。立志做大事，志当存高远，要舍小我成大我。要将个人命运与国家命运紧密相连，与复兴中国梦相连，把爱家和爱国统一起来。在家庭的日常生活中要注重言传、重视身教，教会知识、培育志向。培育和践行社会主义的核心价值观，融入中华民族的传统美德，倡导忠诚、责任、学习的理念，引导子女把个人理想根植于社会、经济和文化发展建设中，立大志做实事。要重视立言，注重家训，用一些名言名句作为家庭座右铭，形成固化的信念，产生无穷的精神力量。

二是要注重言传身教，做到知行合一。家风建设不是虚的，而是实实在在、朴实无华的。人格能够塑造家风，家风也能孕育人格。家风建设贵在点点滴滴，一以贯之。道德品行的锻造和培养体现在日常生活当中。党员领导干部应学会从我做起，严格要求自己，做好表率，率先垂范。要通过做事来教导子女，在实践中磨炼意志、培养能力、提升素养。对于问题不能袒护，不能包庇，更不能纵容，不可默认，在物质上不能一味满足，必须示范引导，全力塑造。在感情方面，要关心但不能无原则地爱护，更不能无边界地溺爱，而应严格地高标准要求。要通过言传身教，以自己的人格魅力引导子女建立良好的人格。

三是要在廉洁自律方面以身作则，严格管束家人。习近平总书记特别强调："领导干部的家风，不是个人小事、家庭私事，而是领导干部作风的重要表现。"家庭是腐败侵蚀的前沿，也是拒腐防变的关口，是持正守廉的防线。《中国共产党廉洁自律准则》明确要求，广大党员领导干部要"廉洁齐家，自觉带头树立良好家风"，也就是要求将廉政建设放在家庭建设当中，努力培养党员干部和家庭成员的廉洁意识。2018 年新修订的《中国共产党纪律处分条例》明确规定：党员领导干部不重视家风建设，对配偶、子女及其配偶失管失教，造成不良影响或者严重后果的，给予警告或者严重警告处分；情节严重的，给予撤销党内职务处分。党员领导干部应当带头倡导家庭廉洁，向家庭传播廉洁理念，净化心灵。要以身作则，模范、带头遵纪守法，不能把家庭当作权钱交易场所，也不能把家人当作腐败的共同体，更不应把家庭当作腐败掩体。同时，要严格加强对家庭成员的管束，使他们严格遵守家规，不得违反纪律，不得违反法律。

第二部分

惨痛教训：

家庭腐败悲剧实录

父子贪腐演“双簧”

——神华北电胜利能源有限公司原党委书记、董事长隋某受贿案

2018 年 10 月 19 日，内蒙古自治区包头市中级人民法院依法对神华北电胜利能源有限公司原党委书记、董事长、神华能源有限公司胜利分公司原总经理隋某受贿一案作出一审宣判，以受贿罪判处其有期徒刑十一年，并处罚金 100 万元。

2010 年至 2014 年，隋某利用担任神华北电党委副书记、书记、董事长、中国神华能源公司胜利能源分公司总经理的职务便利，为大河公司、王某等 8 个公司和个人谋取利益，收受这些公司及个人所送的款物折合人民币 924.79 万元、欧元 7 万元。

庭审发现：父亲腐败儿代言

2018 年 7 月 24 日，包头市中级人民法院公开开庭审理神华北电胜利能源有限公司（以下简称神华北电）原党委书记、董事长、神华能源有限公司胜利分公司原总经理隋某受贿一案。这在当地是一件很有影响的大案。隋某生于 1955 年，庭审时年已 63 岁，正厅级。由于级别高、影响大，包头市对此案十分重视，专门组织全市各机关、企事业单位 200 余名县处级领导干部旁听了

庭审。

在庭审中，隋某流下了悔恨的泪水。他承认了自己的罪行，表示愧对党和组织的培养，希望法庭给予改过自新的机会。隋某的忏悔之泪、悔恨之语、改过之心，使坐在旁听席上的观众深受触动。

隋某早先是一名人民教师，后来逐步成长为国企领导，55 岁时成为一名国企正厅级领导干部。但是眼看要退休了，却没能把握好自己，陷于腐败泥沼。通过旁听案件，人们发现了隋某受贿案背后的真相。他的儿子隋小某，作为父亲利益的代言人直接参与了受贿犯罪，也被立案查处。隋某不仅本人在错误的世界观、人生观、权力观影响下，愧对党和国家培养，不守底线，将手中权力变为敛财工具，而且拉儿子做代言人、直接参与受贿，把儿子也带进腐败、身陷囹圄，结果害了自己也害了家人。

工程项目背后藏玄机

2012 年，隋某已经 57 岁，过不了几年就要退休了。他预料退休之后生活会比较难，所以特别珍惜手中权力。这一年，神华北电决定投资修建锡阿公路绕神华改线段公路（即锡阿公路）。隋某多年做工程项目，还是有一定“眼光”的，很快敏锐地从工程项目中发现了大量“商机”，当然这个“商机”更多是属于个人的。一切都似乎很“顺利”，他心里想什么，什么也就来了。就在这个时候，一个专门做工程项目的人王某出场了。王某找到隋某，对他讲自己想从神化北电承揽锡阿公路工程。两人聊得还算投机。2012 年 3 月底，王某来到隋某的家中，直接送给隋某 10

万元人民币。隋某也没怎么客气就收下这笔钱。不过，隋某考虑问题还是多一些，长远一些。他既想拿这笔钱，又不想出问题，所以得找一个两全之策。为将贪腐事实掩盖得天衣无缝、不易发觉，他想到了自己的儿子。为什么不让儿子出马呢？儿子在前台办事，自己在幕后操纵，岂不是更好？这样做，既可以办成事，又不显山露水。隋某自以为得计，抑制不住“兴奋”，赶快与王某合谋确定下了计策，即：王某负责出面联系关系单位来承揽该项目，并商定好处费，与此同时隋某负责在幕后操作，让关系单位中标。在具体过程中，由王某与隋某的儿子隋小某一起操作完成。这样，隋小某正式出场，其实不过是隋某的代言人，隋某才是真正的实际控制人。此时的王某实际上已经沦为听从隋某指挥的“木偶”，不过他倒也“乐”在其中，因为他知道不会白干。

作为一名长期从事工程建设的人，隋某非常清楚工程质量的重要性。他知道，工程项目一旦出现质量问题，不仅拿不到利润，而且必须承担相应的罪责。为了避免万一，他想一定要找一个可靠的工程单位来中标，绝不能出现豆腐渣工程。考虑到交通局掌握很多公路建设单位的信息，2012 年 7 月，隋某找到当时的锡林浩特市交通局局长吴某，请其帮忙推荐一家信用可靠、工程质量过硬的公司。这件事对吴某来讲十分简单，他随便就能找到好多家这样的公司，再说也是成人之美的好事情，所以吴某十分乐意帮忙。吴某从熟悉的公司中选择了一家叫大河公司的，推荐给隋某，并按隋某的要求，做了个“中介人”，让王某与大河公司副总经理田某接上了线。王某与大河公司取得联系之后，根据“代言人”隋小某的授意，与大河公司的实际控制人范某、副总经理田某坐到一起，商议公司中标锡阿公路项目的相关事宜。当然其中一项非常重要的议题是支付多少以及如何支付好处费。经过一番讨价还价之后，双方商定大河公司如果中标，将分批次共支付人民币700万元的好处费。商定后，王某马上跑到隋某办公室，将商谈结果一五一十地向隋某作了汇报，得到了隋某的同意。

事情到了这一步，接下来就看隋某操作了。操作项目中标对隋某来讲一点都不陌生，他像是一个行家里手一般，以十分娴熟的手法很快办妥。一方面，他从招标环节做工作。按照要求，锡阿公路项目招投标已经委托项目招投标代理公司负责。他先给代理公司负责人打好招呼，要求对大河公司予以关照，代理公司自然听命于业主公司。果然，大河公司在评标中表现突出，排名第一。另一方面，他从神华北电“做工作”。这是他本人的地盘，自然很容易。隋某在公司相关会议上，以评标排名第一名的公司中标等理由，决定由大河公司承建锡阿公路工程，一切都是“合情合理”，不露任何破绽。2012年7月16日，大河公司顺利中标。大河公司“信守诺言”，为感谢隋某帮助中标，按事先的约定，分4次向王某支付好处费共700万元。王某从700万元中拿去155万元，将其余520万元和一辆价值25万元的越野车给了隋某父子俩。事情办妥之后，隋某将得到的大部分钱款交由隋小某保管、使用。

老子提干部，儿子收钱财

除了充当工程项目代言人，隋小某还在父亲提拔干部中扮演了重要的中间人角色。

隋小某有个朋友李某，在呼和浩特市地方海事局工作，他们相互间比较熟悉。实际上，两人的交情可以上溯到父辈。李某的父亲与隋某曾经是同事，在准格尔煤炭工业公司一起共过事。2010年，李某想调个工作单位，他不想继续留在呼和浩特市地方海事局，而是想调到神华北电来工作。为了调动成功，李家动用了“双重”关系，一方面，李某的父亲请时任神华北电党委副书记的隋某帮忙；另一方面，李某又请隋小某给隋某说情，请隋某帮自己调到神华北电。因为这两重交情，隋某不能不给予考虑。2010年10月，在隋某帮助下，李某顺利调至神华北电工作。

尽管隋某从机关向本公司调入一名干部可能不是太费劲，但是李某确实感到隋家父子给自己帮了大忙，一直在想一个令人满意的办法对他们表示感谢。2012年3月，李某想到了一个办法，他请同学帮忙，在北京买了一块价值人民币5万余元的名牌手表，送给了隋小某。隋小某收下手表，并告诉了隋某，隋某表示认可。

2014年，在神化北电工作了几年的李某又有了新的想法，他打算从神华北电调往南方去工作。于是再次请求隋家父子帮忙。这个时候，隋某已经担任神华北电公司董事长兼党委书记，办起事来更加便利。果然，隋某向时任神华粤电珠海港煤炭码头公司董事长刘某打过招呼之后，就将李某调到这个公司去上班了。这一次，还没等李某主动表示，隋小某就等不及了。2014年9月底，隋小某向李某开口“借用”人民币5万元，说是经营饭店使用，要用于给工人发工资。当时，隋小某并没有给李某打借条，后来也一直未还款。

2013年底，神华北电准备调整一批干部。隋某的司机梁某可谓近水楼台先得月，他很快知道这一消息，也很快找隋某及隋小某，请他们父子帮忙，提拔他担任个一官半职。毕竟是自己的司机，是身边人，鞍前马后出了不少力，隋某表示可以考虑。梁某在领导身边工作，自然也很“灵光”，所以他在隋某留下“活话”之后马上付诸行动。当然，他还是十分了解隋某的，所以没有直接找隋某，而是去找隋某的儿子“攻关”。2013年12月6日，梁某将30万元人民币汇给了隋小某。这不是一笔小钱，隋小某收到钱后，马上将情况报告了老爸，并请求父亲关照梁某。隋某也不含糊，2014年2月，经隋某推荐，梁某被提拔担任神华北电公司党政办公室副主任，遂了自己的心愿，实现了从司机向领导的大幅跨越。

领导腐败，司机参与

梁某也曾经参与了一次隋某的腐败，事情得从神华北电的业务往来谈起。在神华北电的往来客户中有一家华胜公司，2007年9月由付某兄弟成立。这家公司多年来一直承揽神华北电的安保和防冻液喷洒业务。2014年下半年，隋某突然对这家公司发生了兴趣。2014年9月，隋某在回家路途中向梁某了解华胜公司的有关情况，尤其关心这家公司承揽防冻液喷洒业务的利润情况。梁某一听，也明白了个大概。接下来，梁某将隋某和自己谈话内容委婉转达给了付某。付某自然知道这种“传话”意味着什么，兄弟俩私下合计了合计，为了能继续与神华水电开展业务，觉得该有所表示。于是，2014年9月16日，付某给梁某转账120万元。

他在电话里对梁某讲，要他将120万元转交隋某。梁某不敢懈怠，很快告诉了隋某。隋某听了报告之后，想了想，对梁某讲，他收下90万元，剩余30万元归梁某。过了一个月，梁某来到隋某家中，将90万元人民币现金交给了隋某，隋某收下。后来的事情自然也就顺理成章了，华胜公司与神华北电续签了防冻液喷洒业务合同，一直保持了良好合作。

【简评】

本案中，隋某父子因共同受贿双双落网，教训惨痛，引人深思。隋某本人腐败已经错了，还把儿子给拉上，让儿子给自己做“代言人”，更是错上加错。如果本人腐败，那么他自己承担罪责就够了，但是让儿子也参与其中，那么儿子也难逃刑责。隋某自以为聪明、得计，然而却不仅因腐败把自己给害了，也把儿子给害了。本来想着帮帮儿子，然而却适得其反，一下子将儿子的光明前程也毁掉了。隋某从一名教师逐步成长，最后晋升为一名正厅级领导干部，确实经历了不少锤炼和考验，可以说是得之不易。然而他却在接近退休年龄之际，受错误的世界观、人生观、权力观影响，忘记了党和国家对自己的培养，不守道德底线和法律底线，向钱看齐，利用手中权力大肆敛财，与儿子一起受贿，终究害人害己。本案警醒广大党员领导干部不仅自己要不贪不占，更要维护良好家风，严管身边人，一起遵纪守法，守住底线，才能全家平安、生活幸福。

妻子穿针引线催生腐败

——山东省济南市国土资源局原局长韩某受贿案

2018 年 12 月 24 日，山东省济宁市中级人民法院对济南市国土资源局原党组书记、局长韩某（副厅级）受贿案作出一审判决，以受贿罪判处韩某有期徒刑十二年，并处罚金 80 万元。

2006 年至 2017 年 1 月，韩某利用担任济南市园林管理局局长、济南市国土资源局局长的职务之便，为相关单位及个人在房屋租赁、土地使用权转让、工程承揽、建筑材料经营及工程款结算等事项中提供帮助，其本人或通过其特定关系人收受上述人员所送财物共计折合人民币 867 万余元。

在韩某被指控的 36 次受贿中，他的妻子收受贿赂就达 31 次，受贿数额占受贿总额比例超过九成。可见，韩某受贿案是一个妻子深度介入的典型家庭腐败案件。他的妻子从中穿针引线，暗中收取钱物，或者推介商人，成为韩某腐败的催化剂。

妻子收钱丈夫办事

2012 年 3 月，韩某从济南市城市园林绿化局党委书记、局长兼市名泉办主任，转任济南市国土资源局党组书记、局长。这对韩某来说也是个不小的变化，毕竟已经年过半百，工作岗位改变了，工作性质和职能都相应发生变化，他需要适应，也需要调整。但还没有完全调整到位，就有熟人跟着找来了。2012 年夏天，他履行新职没有几个月，过去的一位熟人，山东某实业公司董事长吕某找到他，谈起与另外一家单位合作开发房地产的事情，想请他帮忙协调地块使用权的相关事宜。韩某简单听了听情况之后，就作了处理。一方面让吕某抓紧与地块所在的土管所、国土分局进行对接，及时上报土地收储相关手续，另一方面安排相关人员对此事予以关注。

之后，这件事被给搁下了，韩某也没有太留意。到了 2014 年 1 月，吕某再次找到韩某，请求给予关照。原来，相关的地块已经挂牌，事情到了关键时刻。当然，吕某作为商人十分清楚，要办成这样大的事情，光靠他登门拜访、口头请托还远远不够。于是，吕某走起“夫人路线”，将自己不好意思说的话、不好意思办的事全交给了女同志。他让自己的妻子主动联系，到韩某家去串门，借机一下子送给了韩某妻子 30 万美元。韩某的妻子等韩某到家后马上把这事告诉了他。韩某似乎有些意外，嘟哝了一句话“这个事他怎么还送那么多钱”，说完便让妻子把钱收了起来。

妻子收下人家的钱，自己就得给人家办事。又过了一段时间，这个地块临近摘牌了。韩某听下属向他汇报有关情况，讲吕某与合作单位之间产生分歧，合作单位想换另一家开发商合作开发。韩某当即让自己的下属转告那家合作单位，如还坚持换开发商，这块地就先停牌，谁也拿不到，不如双方都各退一步，让吕某拿到这块地最好。那家合作单位一听，马上明白过来。双方很快达成了协议，继续进行合作。后来，吕某顺利以挂牌底价拿到了这块地。

这一来二去，吕某与韩某之间关系日益密切起来，可以讲是“铁磁”了。实际上，韩某没少从吕某那里拿钱。经检察机关查明，2011 年至 2016 年期间，韩某曾 8 次收受吕某贿赂，共计折合人民币 479 万余元，其中包括 67 万美元、30 万元人民币及两枚价值昂贵的钻戒。当然，送钱人吕某也没有吃亏，他通过送钱给韩某，获取了大量利益。韩某收人之财为人办事，利用其职务便利，先后帮助吕某公司解决了景区房屋租赁、建筑经营酒店、开发房地产选地用地、返还中标土地竞买保证金以及小区超容积、超规划建设等项目中的不少难题。

帮妻子的“熟人”揽工程

2012 年 3 月之前，韩某担任城市园林绿化局局长兼名泉办主任，这也是一个能捞外快的“肥差”。伴随着城市发展，政府越来越重视名胜风景区建设，这方面的工程项目着实不少。例如为提升城市品质，大明湖作为济南著名景区，就有好多工程项目，这些工程项目由城市园林绿化局负责。

这个时候，赵某进入韩某的视野。赵某是韩某妻子小时候的一个邻居，担任陕西某科技公司的董事长。赵某的公司刚到济南之时，人生地不熟，没有什么影响力，根本拿不到什么能赚钱的工程。2008 年开始，赵某借韩某妻子这层关系，认识了韩某，便隔三岔五到韩某的办公室或家中串门闲聊套近乎。其间，赵某不时提出来一些想法，希望韩某能帮他一把，让他承揽一些园林方面的工程。后来，赵某公司也确实参与了大明湖综合整治工程竞标活动，但因公司实力不足，未能中标。在这种情况下，韩某只能另想办法。2009 年 5 月至 6 月间，他将赵某推荐给已经中标的公司，赵某总算通过分包拿到了一部分工程。

有了这第一次的“磨合”，接下来赵某靠韩某拿工程项目就顺利多了。果然，赵某之后通过韩某妻子的关系由韩某帮助，又相继拿到了大明湖夜景亮化、市环城公园环境提升、东护城河通航和丘山破损山体治理等多个工程项目。其中，韩某没少给赵某帮忙，毕竟是妻子老家的熟人。他先后在工程招投标、施工及工程款拨付过程中，给相关领导和基建负责人推荐或打招呼，让他们多关照赵某的公司。在韩某的帮助下，赵某顺风顺水，不仅能顺利拿到工程项目，而且能顺利通过工程审计，并能及时结得工程款。

赵某为了向韩某和韩某妻子表示感谢，经常给韩家送钱送物。当然，除了表示感谢之外，他更希望能与韩家搞好关系，以便继续请他们帮助自己承揽工程。调查表明，赵某自 2009 年夏起至 2013 年 3 月，总共送给韩家 155 万余元。赵某送钱地点比较分散，有时在韩某妻子的办公室，有时在韩某的家中，还有些时候是在酒店里，等等。

妻子长期“借用”越野车

在韩某一家与赵某的交往中，还有一段关于借用豪车的小插曲。赵某专门送给韩某妻子一辆进口越野车。据赵某讲，这事源于 2013 年初他与韩某妻子的一次聊天。在聊天中，韩某妻子讲她本人开车回胶东，由于车况不好差点出了车祸。赵某是个机灵人，他当场表示要送给韩某妻子一辆越野车。韩某妻子一听十分高兴，欣然同意。

赵某不仅机灵，也很会办事。他与韩某妻子深入沟通，根据她的喜好，按她的意思，确定了车型、颜色和车牌号等。2013 年 3 月，赵某将一辆花了 57 万元买好的越野车，送到了韩某妻子的面前。在此之后直至案发长达 4 年的时间里，韩某及其妻子一直在使用这辆车。当然，买车时的车款、车辆购置税、挂牌、保险等费用，都由赵某公司承担。

关于这辆车的性质一直存在争议。韩某曾在法庭上辩解，这辆车不在自己名下，也不在妻子名下，只是向对方借用而已，不应属于受贿。但是公诉人讲得明明白白，赵某送车的目的十分清楚，就是为了让韩某利用职权为自己谋取利益。韩某家里有车，也有购买能力，根本没必要去借用他人的车辆。“两高”司法解释明确规定，国家工作人员利用职务上的便利为请托人谋取利益，收受请托人房屋、汽车等物品，未变更权属登记或者借用他人名义办理权属变更登记的，不影响受贿的认定。

管家不严是祸端

韩某是 20 世纪 60 年代生人，1982 年 12 月进入济南市园林管理局工作，从基层技术员干起，一步步走上领导岗位，历任绿化科副科长，公园处副处长、处长，园林设计院院长，趵突泉公园管理处主任等职。2002 年 6 月起，韩某任济南市园林管理局副局长、局长；2012 年 3 月任济南市国土资源局局长。他这一路走来，心中有本账，全面记载了他的付出和努力，他也清楚记得自己昔日的光环：曾被评为“建设系统劳动模范”、荣记过“个人一等功”。

但是随着 2017 年 2 月 13 日山东省纪委网站的一则消息，“济南市国土资源局党组书记、局长韩某涉嫌严重违纪，正接受组织调查”，韩某的仕途划上了句号，一切荣耀和光环瞬间黯然失色。2017 年 3 月 30 日，济宁市人民检察院以涉嫌受贿罪对韩某立案侦查；5 月 3 日，山东省人民检察院决定对其逮捕。2018 年 1 月 12 日，济宁市人民检察院以涉嫌受贿罪对其提起公诉。随着法庭审理，韩某的受贿事实逐一呈现在世人面前。

面对法庭审判，韩某深感内疚、非常痛心，他在最后陈述中表示，由于自我要求不严，疏于家庭管理，违反了党纪国法，对不起组织多年的培养，对不起帮助自己的人，对不起家人，自己真诚认罪、悔罪。

【简析】

在韩某受贿一案中，其妻子充当了重要角色。她从中穿针引线，通过向爱人介绍自己小时候的邻居等人，基于一种乡情关系建立起一种固定的利益关系，继而形成相对固定的利益输送链条。一方面帮助人家办事、承揽工程项目，谋求利益；另一方面从中收取好处，享受爱人权力腐败带来的“红利”。在韩某与吕某的交往中，两位夫人启动“夫人交际”，韩某妻子一下子收下对方 30 万美元。在与赵某的交往中，韩某妻子更是任性地接受人家送给的高档轿车。可见，韩某妻子对韩某腐败起到了极大的推动和催化作用。从指控的受贿事实看，韩某妻子收受的贿赂已经超过受贿总额的90%，由此可以见韩某妻子在韩某受贿一案中的分量。

本案反映出韩某本人存在的严重问题，如放松世界观改造、理想信念动摇，公仆意识不强、法纪观念淡薄、律己不严，特别是对违纪违法存在错误认知，正如他本人所说，“给别人帮帮忙，别人答谢一下，给点回报，没多大的问题，是很正常的事情”，这些都是导致韩某走上违纪违法道路的重要原因。本案还反映出韩某家风不正、对家属管理不严，默许甚至纵容亲属收受财物的问题，这个因素在导致其腐败堕落过程中也起到重要作用。本案警示每一位党员干部特别是领导干部，必须对党纪国法心存敬畏，正确对待手中的权力，切实重视家庭，端正家风，管好家属。如若忽视家庭教育和约束，纵容家属收受贿赂，甚至麻木不仁、与家属共同受贿，必然害己害人，陷家庭于腐败之地。

“三口之家”贪腐记

——重庆市城口县人大常委会原主任于某受贿案

2014 年 5 月，重庆市高级人民法院以受贿罪判处重庆市城口县人大常委会原主任于某被以受贿罪判处有期徒刑十二年。

2003 年 3 月至 2013 年 9 月，于某先后担任中共城口县委常委、城口县常务副县长并兼任城口县矿产资源开发管理委员会副主任、城口县人大常委会主任期间，利用职务便利，为请托人谋取利益，非法收受财物，共计折合人民币 279 万余元；在五星级酒店大操大办儿子婚宴，收受党政机关人员和企业老板礼金共计 58 万余元；利用职权和职务上的影响插手、干预建设工程，帮助其子承揽多个工程项目，构成为亲友经营活动谋利。

在重庆市城口县，有个三口之家。父亲是县人大常委会主任，母亲是机关公务员，儿子大学毕业创业。这样的家庭，在很多人看来，已经相当不错，令人羡慕了。但是，他们却因把持不住，误入歧途，陷入败局。于某在城口县里也算得上一个“大官”，本应以身作则，保持廉洁，但他却没能模范带头，反而自导自演了一出“一人当官、全家腐败”的家庭悲剧。

父亲：心态失衡贪欲横流

于某小时候虽然家境贫苦，但却也传承了些许书香。1959年，他出生在一个清苦的教师家庭，兄妹五人，排行第三。儿时的于某备受生活之艰辛，经常食不果腹。所以那时他很是勤快，一有空闲就到地里捡拾收割落下的粮食，很多时候不得不靠吃些野菜杂粮充饥。1978年我国恢复高考，这对于某来讲是天大的喜讯，他终于等来了出人头地的好机会。于是，他赶快集中精力复习，并以优异成绩考取了四川医学院。又经数年寒窗苦，于某完成大学学习，顺利毕业。出于多方面原因，于某没有留恋繁华的省城，而是主动要求回到偏远的城口县工作。

20世纪80年代，由于大学生人数少，是天之骄子，受到各级组织、单位的充分重视。在当时的大学生中，于某又十分优秀，很快进入组织的视野。由于表现不错，于某进步很快，他不仅入了党，而且被破格提拔为县人民医院院长。之后，于某在仕途上坐上了顺风车，进入快车道，几乎每隔4年左右就进步一次。他先后担任过县医院院长、县卫生局局长，又先后被提拔为县政府副县长，县委常委、常务副县长，直至担任县人大常委会主任。

随着职务不断提升，于某出差、应酬、调研、出国、考察的机会越来越多。由于接触到外面精彩的世界，他的视野得到拓宽，眼界大开。一方面，他对外界满是羡慕和惊叹；另一方面，心里也产生不少这样或者那样的想法，其中一些对他产生了负面影响。他的世界观和人生观也因此慢慢发生变化，偏移了原来的方向。于某是经过艰苦努力才过上好日子的。但是，当他看到一些很普通的人，尤其是一些没什么文化和修养的人，靠不正当手段发家致富，以至腰缠万贯、过着奢华生活，心里就难以平静……他开始琢磨着如何向有钱人“看齐”，试着用手中权力帮老板获利，从中拿些好处。他开始接受他人送给的礼金，而且频次越来越密，从收受几千元、上万元的小额礼金开始，一直发展到收受取几万元甚至几十万元的巨额贿赂。

于某担任城口县常务副县长时，正好赶上锰矿行业快速发展期，他因工作原因与锰矿老板接触较多，经常泡在一起，不是喝酒，就是打牌，一来二去便成了“兄弟”。在交往当中，于某看到老板们经常吃一顿饭花几千元、上万元，每当这些时候他就会深受刺激，自己一年的工资还抵不了人家几顿饭钱，从而激发了他赚钱的欲望。有一次，于某要去加拿大参加一个培训，有位姓汪的锰矿老板得知消息之后，便跑到他的办公室交给他一个信封，让他拿着去加拿大考察时用。于某打开信封，发现里面装有2万美元，折合人民币17万元。后来，汪某因涉嫌犯罪被司法机关立案侦查，于某便以“保护企业发展，维护经济稳定”为名到处游说，替汪某开脱，以帮助他减轻罪责。事后，汪某一次性送给于某30万元。

母亲：当地出名的“大姐大”

于某的妻子姓李，曾当过人民教师，后来调入机关工作。应当讲，李某脾气暴躁，而且敢说敢做，说干就干，抽烟、喝酒、赌博、公开吵架……她留给大家的是一个飞扬跋扈、不守规矩的印象，不少方面让人难以接受。有一次，机关举办运动会，她对裁判判罚表示不满，就带领本单位职工与对方发生激烈冲突，产生了恶劣影响。时间一久，李某在城口县出了名，被称为“大姐大”。

李某曾经担任过城口县矿产品规费征收所所长，负责矿产品准运证办理和企业规费减免等事项。这对于采矿企业来讲是一项很大的权力，直接影响甚至能左右各采矿企业的生存。一些企业老板为了获取利益，对她趋之若鹜，纷纷巴结、讨好她。一位个体老板谭某为减免吨位差形成的规费欠账，一次送给她 10 万元，她收钱之后即把谭某的规费欠账予以免除。某冶炼厂总经理师某为解决吨位差问题，到李某办公室送给她 20 万元，她照单全收，然后免除了冶炼厂规费欠账，并帮助企业顺利办下新的矿产品准运证。

李某除了自己利用权力与他人进行权钱交易，还充当了于某的“贪内助”。一位锰矿老板因于某的帮助获得不少利益，为了对于某表示感谢，想送给他一套重庆市区好地段的房子，李某便代表于某与这个老板进行沟通，与他一起去看房、选房，办理购房手续，房款及相关费用均由这个老板支付。之后，这个老板又送给她房屋装修费 12 万元。

儿子：追求奢华坑苦老爸

于某儿子大学毕业之后，像其他年轻人一样怀揣创业致富的梦想，投身经济大潮。开始时，他也想凭自己的本事去打拼，但是苦于没有基础，并未获得实际收益。在聊天中，有人对他讲工程项目可以捞取巨额利润。他听者有意，不禁想起父亲手中的权力，于是找到于某，央求老爸帮助自己。儿子虽然没有直接向老爸要钱，但是这一招也够让于某忙活的。这位县人大常委会主任于是开始“新征程”，利用职权和影响力为了儿子四处奔波，请县发改委、国土房管局以及一些乡镇领导关照，帮儿子拿下了一个又一个工程项目，如乡村安全饮水工程、道路硬化工程、土地开发项目、土地复垦工程等。工程项目确实利润很大，他的儿子因工程项目挣了不少钱。儿子接下来开始兑现自己的奢华梦想：他为自己购置了一栋豪华别墅，仅房屋装修就花了100多万元，还购买了一辆进口越野车，雇了1名专职司机。

随着年龄增大，儿子很快到了该结婚的时候。怎样办婚礼的问题又摆到于某面前。于某十分清楚，大操大办婚礼、借机敛财是违纪行为，所以他想让儿子旅行结婚，也省去操办婚礼这个费心事。但是儿子硬是不同意，因为节俭不是他的梦想，奢华才是他的人生追求。他希望把婚礼办得排场一些，风光一些。他对父亲说：“老爸，如果不办一场像样的婚礼，我会后悔一辈子的……我只是不想留下遗憾！”于某面对的可不光是儿子，他不想大操大办的想法在妻子那里同样遇到强大阻力。亲家母和亲友也组成了强大“亲友团”，都为儿子帮腔。他们的意见达到了高度一致，都认为年轻人结婚就该好好风光一下，不能在婚礼问题上过于简单。面对这种情形，于某招架不住了。经家人和亲朋好友再三劝说，于某不再坚持，同意好好操办婚礼。

经过与亲朋好友们的精心筹划和准备，于家操办了一场奢华的婚礼：数十辆豪车组成了迎亲队伍、在五星级酒店安排了100多桌的宴会、华丽梦幻的婚礼现场、动用大型摇臂设备和数台摄像机进行多角度的实时拍摄、高达40万元的婚礼花费……然而，更为严重的问题是，于某通过办婚礼大肆收受礼金，通过这场多达千人参加的婚礼，于某一共收受礼金200多万元，其中党政机关干部和企业老板礼金共计58万余元。

教训：纵己宠妻溺子必出问题

案发后，于某在忏悔中深刻剖析了自己的问题。

在他看来，导致三口之家腐败的原因体现在自己、儿子、妻子三个方面。在自己方面，主要是放纵了个人欲望，滋生了贪婪之心。他反思，认为自己世界观原本不纯，各种学习又不动真，不能触及灵魂，结果思想境界滑坡，自己人生价值取向发生了偏移，心理失衡，渐生贪求金钱的欲望。随着职务变迁、私欲更是膨胀，于是在与老板的不正常交往中收取钱财。其他两个方面的教训在于对妻娇宠、对子溺爱，“对家庭管教不严格，放纵家人也是我走向违法犯罪的另一客观原因”，“我家庭的状况，也为我走向违法犯罪起到了推波助势的作用”。

从于某的忏悔中可以看出，他的贪腐与其儿子有很大关系。他有一个心愿，就是要给儿子留点财富。由于这种为子谋财的心愿，催生了于某强烈的贪财动机。正如他在忏悔中所说：“随着时间的推移，儿子已大学毕业步入社会且从事了我认为最不稳定的自谋职业之路，为儿子留点财富的想法也成了自己的心愿，为此，我对金钱的追求也渐增强。”

于某对妻子的感情比较复杂，可以说是感谢与无奈的交织。一方面他十分感激妻子。于某与妻子从小在一条街长大，李某很有孝心，对他关心体贴，几十年来主动放弃个人事业，为他作出了较大牺牲，所以他从心里感激妻子。但另一方面，妻子性格好强，他确实管束不住妻子，拿她没有办法。“为维系和谐的家庭氛围，我处处让着她，把家里的一切经济活动都交由她安排管理”。由于放松管束，时间一长问题就出来了，因为李某越来越贪恋钱财。她不仅与人开设茶馆敛财，还向他人放贷收取利息。于某把收别人的钱交给她，她二话不说就收下作为家用。尤其是在儿子做工程方面，李某更是乐此不疲，不仅积极支持而且帮着做事。在儿子婚事操办问题上，她一直坚持大办婚礼广收礼金。

于某坦承自己在收受他人钱财过程中表现出较好心理状态和心理承受力，“在一些老板利用各种名义给我送钱的时候，很多的时候自己还竟然心安理得”。当然，有些时候他也会感到一些不安，但善于自我安慰。一方面，他以不拿公家的钱问题不大来安慰自己。“即便思想上闪过一丝丝不安念头，自己还自我安慰，又不是拿国家的钱财，老板的钱用点又何妨嘛!”另一方面，他以不影响工程质量就不会有问题来安慰自己。“在儿子做工程的问题上，我也认为工程反正需要有人去做，只要把质量控制好，儿子去挣点钱也是可以的。”实际上，这些都是自欺欺人。到反省人生之时，于某也算触及较深的层次：“今天来看，我也没有逃脱‘退休前综合症’的厄运。钱真是一个耐人寻味的怪东西。如果你心灵不纯，想过多地占有它，它就能毁掉你的一生!”

【简评】

于某一家三口本来可以轻松地过上幸福、安稳的生活，然而由于不喜欢平平淡淡的日子，一家人步调一致，一个劲地追求富裕、追求奢华，为家庭腐败埋下了伏笔。当然，于某的儿子不在机关工作，即使有这种或者那种奢华想法，一般也不会有违纪的说法。但是于某就不同了。作为领导干部，他不能随便降低标准、要求。依照党纪国法，他必须保持清醒头脑，在关键时刻更须意志坚定，不能因亲情而动摇，不能被家人所左右，做出一些出格甚至违规违法之事。但是于某一味迁就妻子、儿子，心怀侥幸，违规为儿子大操大办婚礼，还借机大肆收礼，严重违反了纪律规定。加之，于某帮助儿子经商谋利，纵容亲属借机敛财，已涉嫌违法犯罪。他的妻子同样存在严重问题，不仅利用本人职权收企业的钱，而且充当“贪内助”，帮他实施腐败。于是这一家三口便陷于家庭腐败的泥沼，踏实、安稳的日子也到了头。本案反映出于某在廉洁方面立场不坚定，没有足够定力，结果为亲情牵引，为亲属左右，超过了纪法底线。领导干部应当重亲情，但决不可违法纪，如果一味纵容家属、溺爱子女，那么祸患真的不远了。

“能人”的家庭腐败“协奏曲”

——江苏省无锡市滨湖区委原书记朱某受贿案

2014 年 6 月 6 日，江苏省南京市中级人民法院对无锡市滨湖区委原书记、无锡太湖国家旅游度假区党工委原书记朱某作出判决，以受贿罪判处其有期徒刑十五年，并处没收财产人民币 200 万元。

1998 年至 2012 年间，朱某利用担任宜兴市副市长，无锡市滨湖区委常委、副区长、区委副书记、区长、区委书记等职务的便利，在企业经营、工程承揽、职务晋升、工作安排等方面为他人谋取利益，单独或通过其妻子、母亲、哥哥等人先后非法收受上海某房地产有限公司总经理吴某等个人和单位给予的财物，共计折合人民币 2054.23 万元。

朱某在忏悔时深感对不起家庭，他说，“我对不起妻子和女儿，让她们承受了痛苦和灾难，尤其是女儿，原来她有一个可以骄傲的爸爸，现在是一个罪犯父亲”。的确，朱某很爱家庭，他的家庭曾经因为腐败而获得过实际利益，但是也确是因腐败而受到痛苦磨难，朱某一家为此付出了惨重代价。

夫妻敛财志同道合

俗话说，妻贪夫祸多。朱某家庭遭受腐败磨难，妻子金某可谓“功不可没”。尽管金某职位没有朱某高，工作也没有朱某重要，但是作为当地某银行支行的行长，金某已经是职位体面、收入不菲、生活优裕的人了，但她却不知满足，对于朱某的贪腐堕落，不仅不加规劝、提醒，反而尽其所能地发挥“贪内助”的作用，推波助澜，帮助爱人实施腐败行为，获取腐败利益。实际上，夫妻两个人是“志同道合”“紧密配合”。两人的态度和所作所为，对整个家庭、家族起到了重要的“引领”作用，他们的亲戚也都不同程度地介入到腐败活动当中，全家一起弹奏“捞钱”协奏曲。

妻子金某在银行工作多年，具有丰富的理财经验，是一位理财高手，她的长处在家庭腐败中发挥了关键作用。可以讲，她的思想深处对赚钱十分感兴趣，以至于深陷其中，不仅想着钱生钱、利滚利，而且身体力行，为家庭财产滚雪球式的增长不辞辛劳，作出了很大“贡献”。金某替朱某把几亿元的公司和家产打理得井井有条，将朱某一步一步推向深度腐败。金某堪称一个难得的理财顾问，也是一个得力的助手，朱某要对外投资入股，金某帮助调度资金，积极参与；朱某带回家的钱财，金某也不问是否正当，就全部照单收下；对于各种免费旅游、吃请，购物卡、现金和各种贵重物品，金某更是来者不拒，欣然接受；还有一些机关干部、企业老板通过她来走“夫人路线”谋取利益，或者进行感情投资，金某也都能欣然接纳，然后对朱某猛吹“枕边风”，由朱某动用权力，帮助和关照请托人最终达到目的。

做土石方工程的刘某想承接滨湖区一处工程，但公司资质太低无法参与投标。通过多方打听，有人给他指了一条路，让他试着找金某帮忙。刘某于是琢磨如何打动金某，无奈自己与金某非亲非故，只好试着用钱开道。他先后两次送给金某 2 根 500 克金条。刚开始时，他还心怀忐忑，但是一切出乎意料地顺利，金某二话没说就收下了他送的价值十几万元的金条。或许，金某是司空见惯，并没有把别人送她钱物当回事，十几万元的东西在她眼中早就不算什么太过贵重的礼物了。金某收下刘某的金条之后，回家后马上对朱某说了这件事。在朱某的过问和关照下，刘某顺利拿到了自己特别期盼的土石方工程。

全家贪腐齐上阵

朱某有不少亲属，这些亲属也都未能对朱某的腐败行为及时进行提醒，或者敲敲警钟。相反，他们却纷纷参与到朱某的腐败之中。因为在此过程中，他们与可以接受他人请托，通过帮助他人获得一定的好处，收些钱财。所以，就推波助澜，极力促成权钱交易。最后，大家齐心协力地把朱某推向了犯罪的深渊。

朱某的哥哥朱某某是朱某信得过的人，由他来帮助打理公司，朱某能够放心。于是，哥哥就忙得不亦乐乎，整天谈事情、签协议、办手续。朱某的母亲虽然无法进入公司帮忙，但是在家里也做了一个腐败的“好帮手”，那些有求于朱某的人上门送去各种名贵手表等礼物，她都会毫不犹豫就收下，替朱某保管。朱某的妹妹们也都没有闲着，好多人通过她们来求朱某办事，她们每每有求必应，一方面托朱某利用职权帮忙关照、办理请托事项，另一方面自己也从中拿到不少好处。

能人的腐败能耐

应当讲，朱某是一个很有能力的地方领导。在无锡滨湖区，朱某的能力和政绩是有一定口碑的，当地对他的评价是“胆子大、有魄力”“超前发展、创新发展”。2001 年无锡郊区、马山等地乡镇合并组建滨湖区，朱某任滨湖区常务副区长，1 年后担任区长，2006 年任区委书记，在滨湖区担任主要领导前后达 11 年之久。期间，朱某与滨湖区其他领导一起，积极发展高科技新兴产业，发展旅游业，促进产业结构转型升级，当然，重点还是开展城市建设。经过多年努力，他们创造了不俗的业绩，滨湖区成为无锡市核心功能区，拥有国家级开发区 1 个，省级开发区 3 个，灵山景区和“华莱坞”影视基地等 5A 级景区 3 个、4A 级景区 4 个。2012 年，滨湖区地区生产总值达 648 亿元，财政收入 141 亿元。

然而，朱某在大力发展当地经济的同时却大肆收受财物，对送上门的各种名目现金、贵重物品均是来者不拒。朱某曾经转移出去 6 个大行李箱，满是金条等黄金饰品、名贵手表、象牙、钻戒、珠宝、玉石等，加上他办公室发现的，共有 300 多件。朱某受贿方式是五花八门，除给钱办事之外，还有低价购房、收受房产、旅游消费、接受公款行贿，等等。逢年过节，他收受各种节礼，包括价值 10 多万元的 500 克金条、数十万元人民币、港币或数万美元的红包，以及各类烟酒，等等。

朱某受贿次数之多、涉及单位和个人之多，令人咋舌。他利用担任滨湖区区长、区委书记的职务之便，为滨湖区干部张某在个人发展、职务晋升等事项上提供帮助，于2005年7、8月份至2012年“五一”前，先后17次共收受张某所送价值36万元的购物卡及象牙制品两件、金条6根，合计折合人民币约62万元。这些东西大部分在春节、“五一”、国庆、中秋等节假日前后或期间收受。

朱某很有商业头脑，尤其是“善于资本运作”。他曾用滨湖区政府下属融资平台募资20余亿元，与北京等地多家资本大鳄竞购北京某集团股权，可惜最后因种种原因没有竞购成功。他曾拆借3亿元财政资金帮助同学吴某收购楼盘。吴某在2009年世界金融危机期间看到一家香港公司欲将其在上海的房地产项目低价出售，但苦于手上流动资金不足。这个时候，吴某想起了朱某，邀请朱某夫妇实地参观该房地产项目，承诺项目收购成功后，将一套1000多万元住宅送给朱某。朱某犹豫之后，答应了这件事。他不与班子成员商量，就动用权力要求区属国有公司将其本应扶持本地中小企业和新兴产业的3亿元财政资金拆借给吴某。吴某有了资金，顺利收购房地产项目，转手销售获利数亿元。朱某也因此拿到了价值人民币1400多万元（含契税）的豪宅钥匙。

家族理财的“高手”

应当讲，朱某是经营高手，他一手抓当地经济，一手还能把自家企业打理得红红火火，利用职务便利和影响不断地壮大其家族企业，为家族积聚了巨额财富。

1987年，朱某26岁时研究生毕业，分配到无锡市化工局工作，从那个时候起他就一边上班一边随父亲做化工生意，利用父亲公司拉业务、赚提成。1999年，父亲年事已高，就将公司交由朱某打理，时任宜兴市副市长的朱某为掩人耳目，将公司登记在哥哥名下，自己在幕后当掌柜。朱某利用职务影响，为自家公司招揽业务，以公司名义成立实体和投资公司，先后对外投资入股10余家大型企业，涉及化工、建材、房地产、酒店等多个领域。朱某成为拥有数亿资产的“地下富翁”“成功商人”。他的家庭持有的住宅、商铺就达20余套。

愧对家庭已然迟

朱某在忏悔中讲道，随着案子调查的深入，他收受金钱及贵重物品的数量在不断增加。他不断地进行回忆，那一套套房子来源背后的细节、转移资产的清理，他自己都不敢相信，竟然在不知不觉中收受了那么多东西。在人证物证面前，他对暴露出的潜藏在自己内心中的私欲和对金钱财富无休止追逐的贪婪，感到无地自容、羞愧难当，深深地为自己因贪财而堕落感到万分懊悔，痛恨不已。

他的妻子金某曾在一部警示教育片里出现，当然已经不再是志得意满、精明强干的模样，而是十分憔悴、消瘦，与之前形成了鲜明的反差。不难想象，她在当时的处境有多么艰难、痛苦。正如她本人所说：“听到他被调查的消息后，接下来的3天，我整个人都是懵的，8天瘦了10斤。”

朱某的悔恨中，特别谈到了对家庭的愧疚，正如他在忏悔书中写道：“我对不起父母及家人，父母含辛茹苦把我培养大，培养我上大学，关心我的每一个成长和发展。我曾经让你们感到自豪和欣慰，你们辛苦了一辈子，总算修到了一个有出息的儿子，没想到到头来让你们失望了。儿子不孝，原本可以陪伴你们安度晚年，现在只有增加对儿子的牵挂，对不起爸爸妈妈。”

然而，这一切都已经晚了。

【简评】

应当讲，朱某确属“能人”。他不仅具有经济头脑，而且懂得经营，尤其擅长投资和运作。可是，事到如今，只能讲他在人生关键时刻选错了方向。假如朱某大学毕业之后即从事商业，经营企业，并且一直持续下来的话，那么他很可能已经是一名成功的企业家了。这样，他也能为国家建设、社会发展和群众生活贡献自己的一份力量。但是，由于对商业的眷恋，对财富的渴望难以割舍，他在担任重要公职的同时，暗中从事经营活动，偷偷做个人的生意。这样，他两头都想要，两头都在做，一边从政，一边经商，各种好处全占，既利用自己的职务和影响帮助家人打理家族企业，大赚特赚，同时还不断利用职务便利收受他人财物。结果两头落空，陷于败局之中。

其实，对于每个领导干部来讲，都必须清醒地认识到这么一个道理，即做官和经商是两条道，两者不可兼得。如果硬要兼得的话，很容易因无法回避利益冲突而出现问题，违规犯错，甚至触犯刑律。朱某就是一个典型的例子。习近平总书记曾经多次强调：“鱼和熊掌不可兼得，当官就不要发财，发财就不要当官，这是两股道上跑的车……对领导干部，要求就是要严一些。”如果某些领导干部觉得自己的兴趣、优势在经商，那么完全可以放弃公职，专门经商，千万不能既想当官又想发财，否则一旦涉嫌违纪违法，势必两头落空，到时候悔之晚矣。

卖官敛财“夫妻店”

——山东省菏泽市委原常委、统战部原部长刘某受贿案

2015 年 4 月 15 日，潍坊市中级人民法院对菏泽市委原常委、统战部原部长刘某受贿案一审公开宣判。法院经审理认定，刘某犯受贿罪，判处无期徒刑，剥夺政治权利终身，并处没收个人全部财产；扣押在案赃款人民币 333 万元依法予以没收，上缴国库，其余赃款 525. 1579 万元继续追缴。

2007 年至 2012 年春节，刘某利用担任巨野县委书记、菏泽市政府副市长、党组成员等职务上的便利，为个人或单位在职务调整、征地拆迁、工程承揽等方面谋取利益，先后多次单独或通过其妻江某非法收受上述单位和个人给予的财物，共计折合人民币 858. 1579 万元。

典型的“卖官书记”

2014 年 12 月，中组部通报了 4 起买官卖官案件，菏泽市委原常委、统战部原部长刘某买官卖官案排在第一个。刘某，1962 年生人，山东省高唐县姜店乡八刘村人。2006 年刘某开始担任巨野县委书记一职，之后还先后担任菏泽市政府副市长、菏泽市委常委、统战部部长。刘某在担任巨野县委书记期间，开始收钱卖

官。他主政巨野县后期，不少干部不再用心工作，而是一门心思忙于送礼跑官，个别干部对买官的痴迷达到近乎疯狂的地步，当地政治生态遭到严重破坏。

2013 年 9 月，山东省纪委对刘某立案调查。经 2 个多月调查发现，刘某存在严重违纪违法问题，其卖官频率之高、范围之广、数额之大令人咋舌——刘某在 5 年中受贿 116 次，受贿总额高达 858 万余元，其中收受 41 名下属买官贿赂 739 万余元。刘某是典型的“卖官书记”！12 月 4 日，山东纪检监察网发布消息：菏泽市委原常委、统战部部长刘某因严重违纪违法被开除党籍和公职。刘某利用职务便利为他人谋取利益，索取、收受巨额贿赂；收受礼金，构成严重违纪违法并涉嫌犯罪，经省纪委审议并报省委批准，决定给予刘某开除党籍、开除公职处分；收缴其违纪违法所得；移送司法机关依法处理。

2015 年 1 月 30 日，潍坊市检察院对菏泽市委原常委、统战部原部长刘某受贿一案提起公诉。起诉书指控刘某 44 笔犯罪事实，2007 年初至 2012 年春节期间，被告人刘某利用职务之便，为其下属、有关企业和个人谋取利益，先后多次非法收受单位和个人给予的财物共计折合人民币 858 万余元。

2015 年 4 月 15 日上午 9 点半，山东省菏泽市委原常委、统战部原部长刘某受贿一案，在潍坊市中级人民法院刑事审判庭开庭宣判，法院判决刘某犯受贿罪，判处无期徒刑，剥夺政治权利终身，并处没收个人全部财产。

刘某在庭审后提出上诉，提出 6 条上诉理由。如归案后如实供述纪检机关尚未掌握的大部分犯罪事实，依法应当认定为自首，检举揭发他人犯罪，应对其从轻、减轻处罚。对此，山东省高级人民法院一一驳回。山东省高级人民法院对该案作出终审裁判，6 条理由均被驳回，二审维持原判，刘某仍被判处无期徒刑。

卖官敛财的夫妻搭档

在巨野县，流传着“想办事、找大嫂”的说法。这里的“大嫂”就是刘某的妻子江某。江某与刘某同龄，曾任菏泽市公安局机关党委副书记，并在巨野县公安局挂职任副局长。从判决书可以看出，在刘某的“卖官所得”中，除了两笔 10 万元以外，其余都是通过江某收受的。几乎每笔受贿记录中，都有类似的语句：“刘某……收受某某通过江某所送人民币 × × 万元”“某某通过江某送给刘某内存人民币 × × 万元的银行卡一张”。实际上，刘某、江某在买官卖官的发财路上已经形成了明确分工，就是刘某负责台前卖官，江某在幕后疯狂敛财。两人一个台前、一个幕后，一个卖官、一个敛财，开起“卖官夫妻店”，成了卖官收钱好搭档。

在公开场合，刘某在巨野县的各种会议上多次讲要对干部进行大交流、大调整，声称是“历史上调整面最大的一次”。与刘某相配合，江某则在各种场合向外界透露人事调整信息，时常放出口风，例如对一些干部说“最近要调整干部了，书记对你评价不错，你得好好表现啊”等，让那些干部感到升迁有望，为了早被提拔，就给江某行贿。

江某非常喜欢权力带来的“荣耀”，她曾经对人讲“特别享受当县委书记夫人的感觉”，每每陶醉在分享权力的快感之中。

对干部行贿，她来者不拒，有时甚至主动索贿。刘某前脚找干部谈话，暗示提拔，江某后脚紧跟着就去找那名干部要钱，还讲“困难很大，书记需要跟上面沟通”。

据统计，向刘某买官的干部中有副县级干部7人，县直部门一把手10人。巨野县18个乡镇党委书记中只有1人没给刘某行贿送钱。2011年初，刘某利用担任县委书记的职务之便，接受龙堌镇原镇长田某请托，收受田某通过江某所送20万元。2011年2月，田某被提拔任柳林镇党委书记。2011年上半年，刘某接受县水利局原副局长张某请托，收受张某通过江某所送10万元，同年9月张某被提拔任县商贸流通协会会长。

2009年，巨野县乡镇党政主要负责人调整。田桥镇属巨野县的经济强镇，镇党委书记是个“肥缺”，很多人都想去，在另外一个镇任镇长的孔某想调到田桥镇乡镇任职，曾提着一个包去刘某办公室，包的上面是两条烟，烟的下面是3万元现金。不料刘某义正词严地拒绝了：“符合条件的不只你一个人，不要用这种方式跑，快把包拿走!”尽管碰了一鼻子灰，孔某还是给刘某留下了深刻印象。孔某不死心，回去后想了想，改变了送钱路子，开始走夫人路线。孔某了解到江某爱打羽毛球，就摸准了时间，在羽毛球场地附近等候江某。“功夫不负有心人”，这一次，孔某终于敲开了江某这扇“门”，很快由镇长调任镇党委书记。为了能晋升副县级，孔某于2010年下半年又送给江某一个“大礼包”。他把钱装在一个运动包里，见到江某就向她要车钥匙，说有点东西要放在她的车里。不过，这次孔某因获得的推荐票数较少未能如愿。刘某本想把钱退还孔某，但孔某坚决不要。据查，孔某通过江某先后6次送给刘某银行卡、现金，折合人民币共111万元，最多一次是50万元。孔某后因犯贪污罪、挪用公款罪被判处有期徒刑十七年六个月。

从刘某2007年至2011年的受贿统计看，夫妻俩收钱数量逐年增大，"生意"日益兴隆：2007年收受10万元；2008年收受62.9万元；2009年收受87.5万元；2010年收受227.4万元；在即将调离巨野县、到菏泽市任职的2011年受贿金额最多，竟高达473.9万元，平均每天1.3万元，可以说是"日进万金"。据行贿人交代，"大嫂"俨然成了刘某主政巨野后期的地下"组织部长"，在一些场合会主动"放风"，让一些人感到升迁机会来了而前来行贿。时间一久，送钱买官、收钱卖官便成为当地半公开的秘密，一些岗位甚至被暗地里"明码标价"。

卖官"诚信"与"原则"

刘某夫妇把卖官当生意做，必然涉及"信誉"问题。两人在卖官敛财过程中确实很讲"诚信"，也有"原则"。刘某主要收党政干部的钱，尽量避免收企业老板的钱。因为他觉得这样保险，不会被检举、揭发。当然，刘某有这种想法更多是心怀侥幸的表现，起到自我安慰的作用。说实在的，他确实也无法给自己更多的安全保障。事实上，正是他一度认为最安全、最可靠的两个人被捕导致其案发。

为了确保安全，刘某精心挑选那些各方面表现尚可、有可能被提拔的干部作为敛财对象，"只收那些工作能力强、有提拔可能的干部的钱"。刘某告诫妻子，对那些送上门的钱，不是谁的都能收，要讲“原则”：能给别人办事就收，不能办事就不收。对不能收的钱，刘某会让江某送回去。据刘某交代，这些年他拒收和退回的钱已超过1000万元。此外，刘某还坚持做到两条，一是事办不成不收钱，收了钱一定要办成事；二是对收了钱没办成事的，想方设法“补偿”。正是基于这种“诚信”，有些干部对刘某的办事能力深信不疑，结果夫妻俩的卖官“生意”越做越红火。这种表象反过来又助长了刘某的侥幸心理，他自认为在县里一言九鼎，卖官交易神不知鬼不觉。就这样，他在卖官敛财的邪路上越走越远。

卖官“行情”与“套路”

刘某夫妇将卖官敛财作为生意做，也就有了卖官行情和路数的说法。买官人的需求是不同的。从巨野县来看，买官的主要集中在科级干部，有的想当镇长，有的想当党委书记，有的想当局长，有的想换个岗位，有的想找个“肥差”，有的想调进县城，等等。当然，还有的是为了提个副县，不过这就是高档需求了。从价格来看，官位高低、职位冷热不同，买官价格就不一样。从给钱时机和动机来看，有的直接为了买官，先给钱后办事，有的是事后感谢提拔，还有的是事先联络、增进感情。

提拔镇一级干部对刘某来讲比较容易，运作起来比较顺利。2008年春节前，章缝镇原副书记兼纪委书记李某通过江某送现金5万元，2008年4月，李某便被提拔任大义镇镇长。2009年春节前，田庄镇人大主席团原主席张某通过江某送现金2万元，2009年2月，张某被提拔任太平镇副书记、镇长。党委书记的价位要高一些。2011 年 10 月，刘某接受核桃园镇原党委书记赵某请托，赵某通过江某送人民币现金 10 万元，同年 12 月赵某即调任大义镇党委书记。2011 年 8、9 月，刘某接受巨野县经济技术开发区原党工委副书记、管委会原主任奚某请托，奚某通过江某送现金 20 万元，同年 12 月奚某被提拔任巨野县太平镇党委书记。

从镇上调往县城，或者提升为副县级，这些事情办起来有一定难度，价格更高一些。尤其是副县级的调动不会十分顺利，有的即使送了钱也办不成。2010 年初，龙堌镇原党委书记肖某送 20 万元后升任县委常委、政法委书记。2011 年 10 月肖某再送 100 万元，谋任常务副县长，但因学历不符，没能成功。2011 年下半年，营里镇原镇长王某先后送出 60 万元，谋求副县级，但因任职年限不足而未成，后被提拔为龙堌镇党委书记。

大部分买官卖官都是私下隐蔽进行的，但也有抱团行贿，或者串通买官的情况。2009 年 2 月刘某提拔营里镇原镇长孔某为田桥镇党委书记，2010 年 7 月孔某通过江某送给刘某 6 万元；2010 年 8 月孔某为田桥镇党委原副书记任某买官牵线，帮其送给江某 10 万元。2010 年 7 月，万丰镇党委原书记郭某伙同镇长王某送 10 万元，一个月后两人均获提拔，郭某任县开发区党工委书记，王某任万丰镇党委书记。2011 年 8、9 月王某再送 10 万元谋求副县长一职未成。

逢年过节是人们相互问候、交流感情的时候，一些干部也在前往问候领导干部的时候给领导干部送钱，刘某夫妇便借此机会大肆敛财，判决书认定的受贿事实很大部分发生在中秋和春节之前。收了钱要办事。接下来，中秋和春节过后的两三个月成为巨野县人事调动相对频繁的时间节点。

2010 年 8 月刘某接受陶庙镇原任镇长张某的请托，在张某因综合成绩问题谋任陶庙镇党委书记未果后，调整其为县经济技术开发区管委会主任。2010 年中秋节张某通过江某送给刘某 1 万元。2011 年 3 月张某被任命为大谢集镇党委书记。2011 年中秋节张某通过江某送给刘某人民币现金 3 万元。

2008 年春节和中秋节，营里镇原党委书记张某通过江某送给刘某购物卡各 0.5 万元。2009 年 2 月张某被调任巨野镇党委书记。2009 年春节、中秋节和 2010 年春节、中秋节，张某 4 次通过江某送给刘某购物卡共计 6 万元。2010 年底刘某向菏泽市委推荐张某为县人大常委会副主任，2011 年初张某当选县人大常委会副主任。

【简评】

本案除了有与以前的买官卖官案件类似的特点之外，还有个十分特别的地方，就是夫妻联手。一方面，县委书记手握人事大权，操盘人事提拔与干部调整，在台前卖官；另一方面，县委书记的妻子江某通过放口风、谈条件、搞暗示，插手干部提拔，从幕后收钱，甚至主动索要贿赂，半公开化地买官卖官，故而有“卖官夫妻店”的说法，巨野县流传、相信“想办事、找大嫂”就是一种诠释。刘某的“卖官所得”中，除了两笔 10 万元之外，其余都是通过江某收受的，可见两人合谋之深、协作之密。江某扮演了一个活脱脱的“贪内助”角色！为保证买卖兴隆，刘某确立了一套“诚信”法则，使一些干部对他深信不疑，有人尝到甜头竟然成为“回头客”，连续行贿不止，更有甚者主动介绍他人去买官，或者帮他人送钱，或者合起伙来一块送钱。刘某的“生意”也因而越做越大，“卖官夫妻店”想不火都难。调查发现，向刘某买官的干部中有副县级干部 7 人，县直部门一把手 10 人，全县 18 个乡镇党委书记中只有 1 人没给刘某行贿送钱。当地官场为此乌烟瘴气，政治生态遭到严重破坏。

像刘某这样把卖官当生意来做，夫妻两人开起“卖官夫妻店”，着实令人感到惊诧。“卖官夫妻店”经营时间长达 5 年，刘某不但没有被及时发觉和查处，反而得到了提拔升迁。这充分说明干部监督管理中存在严重漏洞。在被讯问时，刘某居然一直以只收那些工作能力强、有提拔可能的干部的钱，没有不正当履行职责为由，为自己辩解。此案的查处对买官卖官者敲响了警钟，不仅是教训，更是警示、告诫，值得反思，更须引起有关部门的高度重视，及时采取纠错、防治和改过措施。

贪腐“一家亲”的管钱劫财之路

——广东省财政厅原副厅长危某腐败案

2012年10月，广东省纪委、监察厅报广东省委、省政府批准，给予广东省财政厅原副厅长危某开除党籍、开除公职处分；收缴其违纪所得；将其涉嫌违法犯罪问题移送司法机关依法处理。

危某在广东省财政厅工作期间，利用职务之便和职务影响，为他人谋取利益，先后多次收受他人贿赂，通过非法倒卖土地获取暴利。其家庭财产达7000多万元人民币，其中收受他人贿赂和非法获利3000多万元，另有4000多万元无法说明来源。

2012年6月18日，广东省财政厅副厅长危某因涉嫌严重违纪问题接受组织调查。一同接受调查的还有他的岳母、妻子及妻妹。危某作为财政系统的领导干部亲自导演了一出管钱劫钱、贪腐“一家亲”的闹剧。

身居要职贪婪成性

在危某的家庭腐败中，危某处于核心地位。翻开危某的履历，可以发现他的仕途一帆风顺。1997年，35岁的危某调入广东省财政厅工作，在农业处任科员。之后，他历任副处长、处长、副巡视员、副厅长等职务。在财政厅工作岗位上，危某不断地利用职权敛财。虽然开始时官职不高，但是并不影响他搞腐败。危某通过职务便利和影响，为他人谋取利益，收受贿赂和好处费。

危某很早就开始通过倒卖指标做交易。危某认识顺德经营华通户外家具有限公司的经理杨某。于是给杨某打电话讲手上有车辆上牌指标，一个需 17 万元，问杨某是否需要。杨某知道车辆上牌指标很稀缺，立即表示需要。接下来，杨某专门买了一辆 30 多万元的二手宝马车。危某见杨某买了车，像生意人一样见机行事，立即抬高价格，在原价上增加 8 万元，即须 25 万元才能拿到指标。杨某无奈，只好同意。很快，危某利用关系取得上牌的批文，杨某事后送给危某 25 万元。

危某贪腐手段十分熟练。对很多公司、企业来讲，上市是梦寐以求的事，但审批程序严格、复杂。2008 年，一家企业计划上市，老板找到危某。为拉拢他，让他帮忙，许诺送给他原始股。危某倒是十分痛快，直截了当地向老板提出，如果公司成功上市，20 万股市值大概有 400 多万元，问老板如何送。老板十分聪明，马上领会了危某的意思。经过商量，他很快按危某的要求将 30 万股原始股登记到危某岳母名下。当然，危某用岳母的名字登记，是为给自己的腐败作掩护。

危某对红包来者不拒，从提任财政厅副处长之后，节日期间收受的红包有数百万元。仅 2012 年春节前后，他就收受 27 人次所送礼金 70 余万元。2012 年春节期间，危某到平远县工业园一家稀土公司参观，离开的时候，企业老板把装有 30 万元现金的书包放到他的车上。危某拎了拎重量，满意地表示将全力支持公司的发展。

危某迷恋金钱，敛财成性，多次直接向他人索取贿赂。2012年5月，危某打电话给一个县的财政局局长，要局长当天送给他20万元。县财政局局长立即找到一家企业老板，帮忙筹集资金，赶上当天的最后一班飞机，准时把钱送给危某。

依靠审批吃“财政”

“靠山吃山，靠水吃水”。危某担任省财政厅处长、副厅长期间，手握财政审批权。他利用职务便利，抓住各种机会，把国库当作自家的钱柜，伙同不法商人肆意瓜分财政资金，在财政资金下拨过程中借机收受或者索取企业贿赂。危某与不法企业主之间达成了一种默契，如按拨付款项20%至50%不等的比例收“好处费”。那段时期，财政项目资金简直成了他们手中的“唐僧肉”。

危某曾经帮助一家建材公司获得财政扶持资金900多万元，事成后向公司老板索要了300多万元“好处费”，占扶持资金的30%。危某还帮助一家工业电器公司获得扶持资金100万元，事后以去新疆为由，向这家公司索要50万元，占到扶持资金的一半。

在财政系统，资金拨付有一套明确的程序，各地企业申请需到本地财政部门申报财政专项扶持资金，由本地财政部门提出意见和建议，然后呈报省财政厅审批。为帮助企业顺利过关，取得资金，危某与有关市、县财政局相互串联，上下勾结，甚至放任企业出具虚假材料骗取财政专项资金。有关市、县财政局工作人员通过帮助企业向省财政厅申报材料，经危某审核获得资金，也能从中收取“好处费”，所以有一定的“积极性”，往往也乐见其成，有的还从中拿出部分送给危某。由此，形成了一个依靠审批权的、上下串通的腐败链条。如，王某为了其公司为获得省财政专项扶持资金，请危某吃饭，危某便示意王某写一份申请报告，由市、县两级财政局提出意见呈报省财政厅再交给危某帮助办理。

某市财政局一副局长陈某，因工作关系认识了危某。在危某到新疆挂职期间，陈某和他建立了联系，主动搞好关系，慢慢熟悉起来，逐渐形成了很好的私人关系，并逐步发展成为利益同盟。两人开展合作，共同贪污、套取财政资金。某电子厂等三家企业通过陈某申报项目，获取省级财政资金 510 万元，三家企业送给陈某好处费 93 万元。陈某从中拿出数十万元以现金、高档礼物等形式送给危某。

贪腐“一家亲”

在危某腐败案件中，他的妻子、岳母、兄弟、妻妹等近亲属全部涉案，分别担当了不同角色，形成了一个以危某为核心，其妻操盘，岳母、哥哥等协助的“家庭腐败团队”，上演了一出贪腐“一家亲”闹剧。

危某收取企业的好处，在很多时候是靠亲属帮助完成的。他曾向一家建材公司老板陈某索要 3 笔“好处费”，为了拿钱，分别让不同的亲属协助自己。其中第一笔 60 万元现金，他让妻子到约定地点取钱。第二笔 60 万元现金，他让妻妹的前夫到约定地点取钱。第三笔 200 万元现金，他委托另一个妻妹假借出租铺位名义，通过银行账户转入。

危某的妻子在家族腐败中发挥了重要作用，不仅“操盘指挥”，而且“亲力亲为”。她以其母亲的名义收受一家公司送的30万股原始股，亲自经手办理手续。为了方便收赃、转赃，她甚至用身边朋友来掩护丈夫受贿或转移财产，例如借用朋友身份证开户存钱。为消除犯罪痕迹，妻子编造谎言，骗开户人到银行销户。纪委摸排、调查的风声紧的时候，危某的全家都忙于销毁证据、伪造收据、进行串供，甚至威胁相关涉案人员。妻子还用其公职身份和人脉关系，四处为丈夫刺探“情报”。

权力让他忘乎所以

危某出生在粤东北的一个小山村，从小渴望走出大山，去见识外面精彩的世界。大学毕业后，他参加了工作，一步一个脚印，走上厅级领导干部岗位，担任了广东省财政厅副厅长。他本该好好为党和人民工作，但是他却不加珍惜，不断放松自我要求，违反了纪律，触犯了法律。

危某在忏悔中后悔莫及。他全面剖析了自己违纪违法原因，承认党纪观念差，对纪律教育应付了事。由于不重视，对纪律教育总是应付，经常放任自己的违纪行为，逢年过节都会肆无忌惮、心安理得地接受红包。他还坦承法制观念十分淡薄，法律常识十分缺乏，没有入心入脑，不知哪些是违法行为。当萌发贪欲之时，没有想到用法律规范自己的行为。

在收红包、感谢费、好处费的问题上，危某这样讲：“在省财政厅当副处长时，基层单位有时会送一点茶水费、红包，当时自己还会拒绝。当处长时开始有人送1万元、2万元的红包、好处费时，心中非常害怕。后来由于贪念作怪，私欲膨胀，最近几年收受1万元、2万元的红包、感谢费、好处费显得很自然，甚至收受几十万元的感谢费、好处费也脸不红、心不跳，一副贪婪无耻的嘴脸。”

他从心理上作自我剖析，认为自己贪念作怪，免疫力下降：“随着地位的变化，贪念和私欲随之而来。自从到省财政厅工作以后，特别是手中有了一定权力以后，奉承、巴结的人多了，自己开始飘飘然，放松了警惕，对社会上一些不良的风气见怪不怪，也使一些心术不正、有求于我的人钻了空子。”“人家就是看上了我手中有一定权力，出面请我协调，使我获取巨额利润。”

他错误对待权力、金钱，形成了错误的权力观和金钱观，以至于陷于迷途，不断“追逐金钱，权力成了谋私工具”。他在忏悔中讲道：“金钱对于基本生活的保障非常重要，而追逐金钱、嗜财如命，那将是罪恶的开端。权力是把双刃剑，用得好，就能为老百姓办事，为人民造福；用得不好，那就是祸害、灾难。从我的成长历程来看，当我手中有了一定的权力以后，我就忘乎所以了，没有慎用权、用好权。”“本来省里对专项资金的设立是对一项产业的导向引导，是用政府有形的手发挥导向作用。因此，对某一个项目的补助是政府政策的兑现，是对一项产业的扶持。而自己作为财政部门的负责人，没有按规定去履行职责，还为项目打招呼、做人情，搞权钱交易，收取好处费。”

【简评】

危某腐败的根源在于权力观和金钱观出现严重错误，在于内心对金钱的极度追逐，以至贪婪成性、嗜财如命。公共财政审批权过于集中、管理不健全、监理薄弱的环境，极大地刺激、直接激活了危某内心的腐败因子，猛烈地强化了他的贪腐动机，他努力抓住所有能够抓住的机会，在没有机会的时候主动寻找机会，在没有条件的情况下积极创造条件，将权力异化为个人谋利的工具，并尽力谋求更高收益，很快由代表政府的管钱人蜕变成监守自盗者。这种偶然的发案背后折射出一定的必然性，反映了案件背后存在着腐败滋生、蔓延的土壤和其他客观条件。本来，财政扶持资金是国家针对特定行业、特定企业的一项政策性扶助，但是在执行政策的过程中却走了样。一方面，由于申请资金的公司、企业太多，财政资金审批存在一定的选择性，为管理者提供了较多的寻租机会；另一方面，一些不符合条件的公司、企业也想方设法混进其中，打擦边球，或者骗取扶持资金。对于公司、企业来讲，尤其是那些不符合条件的公司、企业，从财政部门争取扶持资金，无须投入、无须经营就可获益，这无疑是一种最为强烈的利益诱惑。他们追逐利润的本能使他们对申报扶持资金趋之若鹜，纷纷通过打通关节、处好关系来获取财政资金。正是财政资金管理者与求利逐利的企业之间的联手、默契、配合，使得财政资金成为腐败分子的“唐僧肉”。本案是审批腐败的典型案例，“批出来”的腐败反映了财政体系和管理制度的漏洞，改革财政制度、严格审批监管势在必行。

方家兄弟腐败“二人转”

——安徽省合肥市人大常委会内务司法工作委员会原主任方某、淮南市委原书记方某某受贿案

2016年7月22日，安徽省马鞍山市中级人民法院对安徽省淮南市委原书记方某某受贿、滥用职权案公开宣判。以方某某犯受贿罪、滥用职权罪判处其有期徒刑十二年零六个月，并处罚金人民币325万元。

2016年8月23日，安徽省马鞍山市中级人民法院对安徽省合肥市人大常委会内务司法工作委员会原主任方某受贿、利用影响力受贿一案公开宣判。方某因犯受贿罪、利用影响力受贿罪，被一审法院判处有期徒刑十二年，并处罚金人民币355万元。

曾经的方家荣耀

安徽省有来自江苏南京市的方家两兄弟，哥哥方某，弟弟方某某。哥哥方某1955年生，曾任合肥市供销社主任，自2007年起曾任合肥市民政局局长，2013年调任合肥市人大常委会内务司法工作委员会主任。弟弟方某某1958年10月生，硕士研究生学历，任淮南市委书记。

在安徽政界，弟弟方某某官比哥哥大，名气也“响亮”得

多。方某某从安徽农学院毕业后在定远县走上仕途，跨越安徽南北，一直顺风顺水。1982 年他在安徽省定远县历任八一乡团委书记、乡长、乡党委书记，1988 年调到省土地管理局任职。2000 年至 2006 年间，方某某任六安市副市长、市委副书记。2006 年 3 月方某某调任池州市长，5 年后转任安徽省商务厅厅长，2013 年 2 月，出任淮南市委书记。

方氏兄弟二人同时担任重要领导干部，确实令人羡慕，但是由于两兄弟为官不珍惜，善始不善终，两人一起演绎了一出兄弟腐败“二人转”的闹剧。两人除分别利用各自手中的权力谋取私利，还联起手来共同实施腐败行为。2014 年夏季，浸淫安徽官场 30 多年的方氏兄弟一同倒下，曾经的方家荣耀很快消失。

两兄弟同时落马

2014 年 8 月 11 日，方某某被查，9 天后即 8 月 20 日，方某因严重违纪落马。10 月 31 日下午，合肥市第十五届人大常委会第十三次会议通过人事任免，接受方某辞去合肥市第十五届人民代表大会常务委员会委员、法制委员会副主任委员职务，免去方某合肥市人大常委会内务司法工作委员会主任职务。2015 年 12 月 1 日，合肥市纪委通报，方某利用其弟职务上的便利为他人谋取利益，收受房屋产权、股份、钱款等巨额贿赂。方某受到开除党籍、开除公职处分，其涉嫌犯罪问题及线索被移送司法机关依法处理。

2016 年 7 月 22 日，马鞍山市中级人民法院对方某某受贿、滥用职权一案公开宣判，方某某因犯受贿罪、滥用职权罪被判处有期徒刑十二年零六个月，并处罚金人民币325万元。2006年初至2013年2月，方某某在担任池州市委副书记、市长，安徽省商务厅党组书记、厅长期间，利用职务便利，为他人在商业房产购买、房屋产权证办理、特许行业审批、国有土地出让等事项上提供帮助，谋取利益，伙同他人或单独收受他人财物共计价值人民币3174万余元。2007年5月至2010年，方某某在担任池州市人民政府市长期间，违反法律规定，决定、批准同意返还土地出让金及相关税费给用地企业的行为，致使国家财产损失共计3947万余元。

2016年8月23日，安徽省马鞍山市中级人民法院对方某受贿、利用影响力受贿一案公开宣判。法院审理认为，方某受贿、利用影响力受贿案事实清楚，证据确实、充分，以犯受贿罪判处其有期徒刑十一年，并处罚金人民币325万元；犯利用影响力受贿罪，判处有期徒刑三年六个月，并处罚金人民币30万元，决定执行有期徒刑十二年，并处罚金人民币355万元。

兄弟联手同谋腐败

方家兄弟的案子与其他案件不一样，除了各自利用职权腐败之外，更多是两人联手，合伙贪腐。这种兄弟联手腐败的实例并不多见。

据调查，方家兄弟主要的贪腐行为发生在方某某担任池州市市长和安徽省商务厅厅长期间。方家兄弟为官多年，均是“见多识广”，两人联手腐败不仅“技高一筹”而且“目标远大”。他们的腐败不是赤裸裸地直接收钱，而是迂回、曲折，间接、隐蔽，“找人代持、资金单走、不留痕迹”。

为了保证联手腐败顺利进行，方某某和方某有谋划，有分工。据方某某交代，在联手腐败方面，两人经过商量，“明确我和方某在其中的利益份额和实现方式，明确我和方某的分工，我主要营造环境和协调难题，方某负责具体联络协调推进，演绎了一出不光彩的兄弟同台戏”。

为保证腐败顺利实施，并且考虑到退休之后如何继续，他们打造了一个看得见、摸得着的载体，直接参与了九泰公司和另外一家公司即蓝海典当公司的组建、设立，运作地产和合作投资。针对公司运行的具体问题，两人一起谋划、共同商量、协调推进。

房产运作巨额获利

2006年下半年的一天，方某某从池州市回到合肥，告诉方某自己看好了池州市长江路与池阳路交叉口的一处房产，让方某推荐客商前去购买。方某一听就知道有利可图，于是推荐老朋友许某前去实地考察。许某根据方某提供的信息到池州市进行了一番实地考虑之后，表示房子确实不错，只是价格高，自己资金有限。方某某知道这些情况之后，便让许某直接跟市财政局联系，由财政局出面协调购房有关事宜。

经过有关方面协调，2008年1月许某以安徽亚坤建设集团有限公司的名义购买了池阳路的商业综合楼，房产面积2754.21平方米，价款为1330万元。但是，许某只付198万元，其余由池州市城市经营投资有限公司代为垫付。之后，许某赶着办房产证，但因手续不全，房产局不给办。他多次找方某，由方某某出面指示相关单位协调解决。2008年4月许某顺利办理了房产证，尽管还缺购房发票等多项手续。

2010 年下半年池阳路商业综合楼拆迁，许某对拆迁安置不满意，经方某找方某某协调，最后比政策规定的面积多安置了 400 多平方米。2012 年方某某已调任安徽省商务厅厅长，由于担心许某手中的池州房产失控，方某提出成立一家新公司，将池阳路商业楼从亚坤集团转到新公司。经方某与许某商谈，明确楼房产权分成比例为 3:3:4，其中方某、方某某各占 30% 产权，许某占 40% 产权。后来，方某又与许某商量，让许某拿出 5% 产权，送给他的特定关系人刘某。

2013 年 4 月，许某新注册成立安徽九泰投资管理公司，按商量好的楼房产权分配比例，方某某和方某各占公司 30% 的股份，刘某占 5%，许某占 35%。当然，方某某和方某的股份没有由本人持有，而是由两个代理人代持。2013 年 10 月，亚坤集团将池阳路商业综合楼以 1000 万元价格“出售”给九泰公司。2014 年许某为帮他们掩盖房产产权、逃避组织调查，将方某某、方某和刘某持有的九泰公司 65% 股份过户到张某名下。

经过几番倒腾，方家两兄弟共获得池阳路商业楼 60% 的产权。经有关机构鉴定，涉案商业楼房产价值人民币 3520 余万元。其中，方某某伙同方某收受的房产产权价值人民币 2112 万余元，方某另外收受 5% 的房产产权，价值人民币 176 万余元，送给其特定关系人刘某。

插手典当干股套利

方家兄弟联手腐败的另一件大事是帮助夏某注册蓝海典当公

司，找人代替自己以假投资方式获取干股，收取夏某给予的出资款1000万元。

夏某曾是方某在合肥市供销系统工作时的老同事。2012年10月，夏某想设立典当公司，请方某帮忙。方某本人没这个能力，他找到了时任安徽省商务厅厅长的方某某，方某某手中掌管着审批典当公司的权力。方某对方某某讲，夏某想请他们帮忙申办典当公司，愿意给好处。方某某提出不直接收钱，但是可以采取合作开典当行的方式运作。夏某表示同意，合作方式由方某来定。方某提出方家兄弟两人各占公司10%股份。

为确保蓝海典当公司申报成功，方某某安排夏某与省商务厅有关工作人员对接，并专门追加指标，下达给合肥市商务局。期间，方某某、方某两人分别联系好由叶某、刘某为他们代持股份，办理验资、登记手续。夏某向叶某、刘某两人提供的账户各转去人民币500万元。叶某、刘某在收到款项之后又转账至蓝海典当公司作为投资款。2013年4月，经安徽省商务厅审查并报商务部核准，同意设立蓝海典当公司。

滥用职权为人谋私

实际上，方某某、方某与许某等人早已结成利益共同体，许某等人没少帮方家兄弟敛财，方某某滥用职权为许某等人谋取利益，也是意料之中的事。

据查，2007年5月至2010年，方某某在担任池州市市长期间，违反法律规定，在池州市站前区招商引资过程中，决定、批准同意由站前区管委会与投资商先签订投资协议，约定具体地块用地价格，之后组织进行形式上的地块招拍程序。采取假拍卖真约定的方式违法出让国有土地使用权，并将超出约定价格的土地出让金及相关税费返还给用地企业，致使国家财产损失共计人民币 3947 余万元。其中，2008 年 11 月，池州市世纪置业发展有限责任公司以 4580 万元的价格竞得池州市站前区第 12 号地块后，方某某违规批准返还该地块土地出让金及相关税费 3512 余万元。

【简评】

俗话讲，“兄弟同心，其利断金”。说的是兄弟只要精诚团结，就没有克服不了的困难。但是在本案中，却成了“兄弟同腐，其利千金”。方家两兄弟合伙贪腐，聚敛了大量不义之财。本来，一个家庭有两个兄弟同在省城为官，而且都担任重要领导职务，是一大家庭幸事，没有理由不去倍加珍惜。然而，方家兄弟却没有真正珍惜，不能正确对待，相反却是当官不为民，掌权谋私利，不仅各自利用职权搞腐败，而且两人联起手来，共同谋划、运作大腐败，结果双双堕入犯罪深渊，受到党纪法律严惩。这实在是方氏之灾，给家门带来严重不幸。想当初一家两高官，是何等荣光、体面，到如今直线反转，从天上摔到地下，一家两贪官，又是何等羞愧、难堪。让人不齿，令人惋惜。作为领导干部的兄弟俩，本可以一起培养高雅志趣，相互关爱，相互提醒，相互帮助，相互促进，共同进步，然而方氏兄弟却同流合污，贪污腐化，导演了一出十足的家庭悲剧。本案的惨痛教训提醒领导干部对于家庭、兄弟、亲属的廉洁问题，应有清醒的认识并作出理性的选择。

贪腐“父子兵”

——安徽省宿州市国土资源局原局长张某某受贿案

2013 年 8 月 8 日，安徽省高级人民法院对宿州市国土资源局原局长张某某及其子宿州市国土资源局经济技术开发区分局原局长张某受贿案作出终审判决，终审判处张某某死刑，缓期二年执行；判处张某有期徒刑十五年。

法院终审查明，安徽宿州市国土资源局原局长张某某、宿州市国土资源局经济技术开发区分局原局长张某两人共同收受他人贿赂共计人民币 1741.81 万元、港币 40 万元、购物卡 1 万元、价值人民币 58.12 万元的丰田越野车一辆；张某某单独收受、索取他人贿赂共计人民币 455.1 万元、购物卡 20.8 万元、美元 1 万元、价值人民币 25.52 万元的帕萨特轿车一辆、价值人民币 76.19 万元的住房一套（未遂）；张某单独收受他人贿赂共计人民币 76 万元。

提拔儿子当下属局长

安徽省宿州市国土资源局因局长腐败而引起人们的深度关注。大家感到十分惊诧，因为出事的两个局长竟然是父子俩，父亲张某某是宿州市国土资源局原局长，儿子张某是宿州市国土资源局经济技术开发区分局原局长。本来，父子两人在一个局工作就有裙带之嫌，这两人竟然分别担任国土局市局和下属开发区局的“一把手”。在很多人眼里，国土局的“一把手”是绝对的“肥差”，安徽省宿州市国土资源局的两个“肥差”都让这父子俩给占了，而且两人还是直接的上下级关系。本来，按照公务员法规定，有直系血亲关系的不得担任有直接上下级领导关系的职务。但是张某某父子同在国土局为官，分别担任上下级国土局局长多年，似乎丝毫没有受到任职回避制度规定的限制。

国土资源局在政府部门中的地位十分重要，主管土地征用、划拨、土地市场、土地资产等管理工作。实际上，每项权力之后都可能存在巨大的经济利益，所以国土局是令好多人羡慕的部门。在宿州市国土局，土地利用管理科掌管土地使用权划拨、出让等事务，是重要科室。在 2002 年 1 月，张某某担任了宿州市国土资源局局长。第二年，即 2003 年 3 月，只有大专学历的张某就顺利担任了土地管理科副科长。到 2006 年初，仅过了 3 年时间，张某就被提拔为宿州市国土资源局经济技术开发区分局局长。

张某某父子在同一个系统担任局长，是典型的封建遗风、“权力世袭”，使公权力成为少数人的自享资源，公开、公平的竞争规则便无从谈起，他们不仅自身腐败，而且影响了政治生态，败坏了社会风气。但是，他们获得的利益却又让一些人“眼红”。宿州市国土局下属机构有个负责人也向他们“看齐”，竟然向张某某提出，在自己退休后让自己儿子接任自己的职务。在张某某看来，这很正常，所以满口答应，先将那人的儿子选调来国土局，不久将其提拔为副科级干部，那人一到退休年龄，张某某便安排其子主持工作。由此可见，在张某某的脑子里“权力世袭”、子承父业的理念已经根深蒂固，不仅提拔自己的儿子当下属局长，还满足别人提出的类似要求。当然，他这样做还有另外的原因。就是那个人为儿子职务升迁，送给了张某某27万元。

土地出让收了700万元

张某某手中掌握着土地资源管理权，儿子又在国土局的重要岗位任职，为他们借机谋取私利创造了方便条件。两人配合默契，做儿子的负责联系，寻找机会，老子则负责拍板，搞权钱交易。几年下来，他们共同受贿竟达1740多万元。其中，两人利用土地出让的机会，一起收取某房地产公司经理杨某754万余元，是张氏父子腐败案中数额最大的一笔。

这事是经张某联系的。2005年1月，张某还是宿州市国土资源局土地利用管理科副科长。一家房地产公司经理杨某找到张某，对他讲，他们公司要接手宿州市南关菜市场改造项目，想通过张某找张某某帮忙给予关照。张某回家与老爸商量之后，告诉杨某老爸答应帮忙。于是，杨某面见张某某，详细介绍了南关菜市场改造项目情况，请张某某帮忙进行项目变更，一并开发南关菜市场周围60余亩土地。张某某明确答应帮忙。临走之时，杨某送给张某某2万元，算是见面礼。

此后不久，杨某找到张某某进一步提出，以协议出让方式零地价获得南关菜市场土地使用权。2005年8月，张某某通知杨某项目已经同意，让他去办手续。杨某代表其公司和宿州市国土局签订国有土地使用权出让合同，出让价格为零。张某某表示，南关菜市场项目附近所剩土地，杨某公司只要拆迁一块，就可办理相应的土地出让手续，出让价格为零。杨某听后非常高兴，不停地向张某某道谢，又送给他2万元。

为进一步推动这项工作，杨某向张某许下诺言，如能帮助将南关菜市场周围60余亩土地全都以零地价交给他们公司开发，公司赚钱之后会送给张某家1000万元。张某听后很是兴奋，痛快地答应帮助做老爸的工作。没过多长时间，到了2006年初，宿州市国有土地资本运营管理委员会审议通过了南关菜市场改造项目，将市场周围土地全部纳入了市国土局的规划控制，杨某公司继续开发南关菜市场周围剩余土地获得了认可。为感谢张家父子，杨某安排人员分两次以与张某小姨夫共同出资开发河南一房地产项目为名义，往张某小姨父所办公司账户汇去300万元，张某欣然笑纳。

2010年5月，杨某因资金紧张找张某借钱。张某经老爸同意，在连云港借给杨某300万元，同时约定将奥迪轿车作价60万元卖给杨某。杨某与张某经计算，提高借款金额为600万元，月息2分，借款时间1年，利息144万元，加上本金共计744万元，出借人假用张胜利这个名字。其中很多是多还的钱，是杨某特意送给张某父子的。此事得到了张某某的默许。4个月后，根据张某的要求，杨某将500万元转到张某亲戚公司的账户，11月份根据张某的要求，杨某安排财务人员到银行取了300万元交给张某。此外，张某还两次找杨某报销了个人票据14万余元。

2011年3月，张某某听到杨某可能要出事的传闻，马上让张某退回杨某第一次送给的300万元。张某安排亲戚将钱汇给杨某的公司，但是之后没几天又打电话让杨某送回那300万元。

土地变更索要600万元

卢某与张某的交往则是另外一种情形，他们开始密切交往是在2008年之后。年初时，卢某接手一家房地产开发公司，到处寻找开发项目。张某因腰椎间盘突出在上海住院，卢某知道消息后立马赶去看望，送给他2万元以示慰问。2009年下半年，在张某的帮助下，卢某和另一家开发公司的陈总洽谈联合开发宿蒙路一宗土地。这宗土地有11亩为商业用地，7亩为工业用地。卢某托张某请张某某帮助将这7亩地的性质变更为商业用地。

2009年11月，张某要卢某给450万元，是给陈总的好处费。卢某将300万元转到张某提供的账户上，另外还交给张某150万元现金。2010年3月，两家公司签订了联合开发18亩地的协议，确定了土地过户的具体过程。但是由于缺少资料，市国土局地籍科没给办理过户手续。5月5日，补交的材料转到了地籍科。当天，张某某批评科长办理审批手续时有压卷行为，不符合工作高效的要求。科长赶紧审查了一下，将18亩土地的事给签办了。第二天，张某某要求将审批材料送给他，当天予以签批。卢某终于拿到了18亩土地的两个土地证。

没过多久，张某让卢某给他准备60万元，说要买辆奥迪轿车，卢某借了60万元现金给他奉上。之后，根据张某的要求将这辆奥迪车在合肥入户，支付办证费用5万元，办好入户手续。后来，卢某带张某去看自己在合肥某小区的一套房子，被张某看上。回宿州后，张某提出，张某某在宿州的一套房子，值45.84

万元，想用这套房子去换卢某在合肥 103.32 万元的新房，差价 57.48 万元。卢某爽快地同意将房子过户到张某的妻子名下，并支付了相关税费 1 万余元。之后，张某又要卢某将一辆沃尔沃越野车在合肥办理入户手续，卢某不仅支付了车辆购置税及其他费用 5 万元，还帮张某选好了车牌号码。

张某某根据卢某的要求，安排储备中心将 7 亩土地列入 2011 年供地计划，准备报市里后变更用地性质。但是直到张家父子落马，那土地变性手续也没办下来，张家父子却从卢某那里索取了 579.48 万元、港币 40 万元、购物卡 1 万元。

权钱交易成家常便饭

张某某父子守着国有土地管理权，以此作为生财的资源，对商人有求必应，权钱交易成了家常便饭。他们不费吹灰之力捞到巨款，对此已经习以为常。

2006 年合肥的一家拍卖公司老板找到张某，请他找张某某帮忙，把宿州的土地拍卖业务交给他们公司代理。两人商定对半分成，给张某拍卖金的 50%。张某回家对父亲说了此事，张某某想想后答应了。从 2007 年至 2010 年期间，拍卖公司承接宿州土地拍卖业务共收取拍卖金 56.5 万元，拍卖公司分两次交给张某 28 万元。张某告诉了父亲，张某某“哦”了一声表示知道了。

2009 年 5 月，一家不动产咨询公司经理刘某对张某说，想从宿州调剂部分耕地指标到外地用于高速公路建设，事成后给张某好处费 300 万元。在这件事情快谈成的时候，刘某把 200 万元转到一张银行卡上，张某安排人将这笔款取了出来。2009 年 9 月，调剂耕地指标协议签过，宿州市国土局却不愿向省国土厅出具相关材料。张某便对父亲讲，调剂耕地指标的事都办到这个环节了，人家好处费都给了，你可以签批放行。张某某听说好处费都已经到手，大笔一挥，签字同意。

【简评】

本案实际上讲的是父子关系。“虎父无犬子”说的是出色的父亲不会有一般的孩子，旨在夸奖别人的孩子有出息。张某某和儿子张某同局为官，官职都不小，都当了“一把手”，这在外人看来，除了感到羡慕之外，还确实有一种认为他们就是虎父、虎子的感觉。但是，张家父子真的就是虎父、虎子吗？恐怕不是。权力世袭就很说明问题，至少让人对儿子的提升提出质疑。再看看父子俩的所作所为，就更能认识他们了。这两个“一把手”不是充分利用机会团结一致干好事，而是相互配合、共同受贿，肆无忌惮地收好处，赤裸裸地要贿赂，上演了贪污腐败“父子齐上阵”的一幕大戏，让人大跌眼镜。两人携手腐败，大有“打虎亲兄弟，上阵父子兵”的阵势。当父亲的堪称腐败表率，且“有其父必有其子”，做儿子的以父亲为“榜样”，不仅子承父业，更“青出于蓝而胜于蓝”，干起腐败勾当一点也不比父亲差，通过他的串通、联系收受了大量贿赂，而且形成了办事必收钱的习惯。两人一起受贿1700多万元，让人惊叹。父子因腐败双双落网，一个家庭全给毁掉，空留给世人一地叹息。此案警示领导干部，“子不教，父之过”，儿子腐败罪在父亲教育无方，监管不力，父子应当同修道德，一起向善，切不可贪恋钱财，做一丘之貉。

为家庭腐败的“宏伟目标”而“忙碌”

——广东省韶关市公安局原局长叶某腐败案

2010年9月21日，广东省河源市中级人民法院以犯受贿罪判处广东省韶关市公安局原局长叶某死刑，缓刑二年执行，剥夺政治权利终身，并处没收个人全部财产；犯巨额财产来源不明罪，判处有期徒刑五年，决定执行死刑，缓期二年执行，剥夺政治权利终身，并处没收个人全部财产。2013年8月5日减为无期徒刑，剥夺政治权利终身。

叶某在担任韶关市委常委、政法委书记、公安局局长，以及新丰县委书记等职务期间，曾累计先后11次利用职务上的便利，单独或伙同姜某帮助重大犯罪嫌疑人逃避法律追究，为赌博、色情行业提供保护并通过插手工程建设及工程建设招投标、插手矿山经营等，为他人谋取利益，索取和收受孙某、陈某等12人贿赂款人民币964万元、港币880万元。另外，被告人叶某有人民币1609余万元明显超过合法收入，与合法收入差额巨大，不能说明其合法来源。

叶某曾被一些媒体称为“最有理想贪官”，因他为自己的腐败定下了“宏伟目标”：“留下2000万给儿子、2000万给女儿女婿、2000万给自己安度晚年。”为了实现自己的“目标”，叶某尽其所能，在多个领域大肆贪污受贿。叶某腐败一案具有涉及面广、行贿人多、证人多等特点，查案期间谈话就达500多人次，制作笔录数百份，调取书面材料数千份，形成卷宗材料近50卷。本案的特点也从另一个角度表明，叶某为了家庭腐败已经达到相当“忙碌”的程度。

多方下手　忙于贪腐

既然给自己定下了“宏伟”的腐败目标，接下来自然会为了实现目标而“努力”。但是，要实现这么大的目标肯定不会那么容易。叶某为了实现理想和目标，贪腐受贿十分投入、十分忙碌，涉及非常广泛的领域：

——充当黄、赌、毒犯罪和违法活动的保护伞，收取好处费。叶某任公安局局长期间，为韶关一些经营酒店和含有赌博业务的电子游戏机室老板陈某、卢某提供违法经营保护，收受其贿赂人民币数百万元。

——插手工程建设，为包工头谋利，自己获益。叶某在新丰县任县委书记期间，利用职权帮助一建筑公司承建丰城镇政府旧城改造及新址开发工程，受贿80万元。在韶关市公安局新办公大楼建设中，叶某在工程承建权、工程款等方面为多名承包商谋取利益，收受贿赂100多万元。

——为矿山老板谋利自己敛财。叶某利用担任公安局局长、市委常委、政法委书记的职权及职务影响力为韶关矿山老板刁某谋利，收受贿赂100多万元。

——干预司法办案，收取贿赂。叶某干预检察机关查处的韶关钢铁厂系列职务犯罪案，一次性收受韶关市宜达燃料公司老板朱某200万元。

——安排人事，权钱交易。叶某不放过任何敛财机会，只是为韶关市公安局的一名干警作岗位平级调动，就收受贿赂港币20万元。

收钱放人　放纵犯罪

2006年底，叶某放走一名毒枭嫌疑人，收取800万港币答谢费。这个案件经历了一个典型的寻价谈价过程。

2006年，韶关市公安局查获了一起跨境制贩毒犯罪团伙案件。韶关市公安局抓获了以黄某、李某等人在内的制造、贩卖毒品犯罪团伙，对孙某等10余名犯罪嫌疑人采取了刑事拘留措施。当时，已有2名证人指证孙某提供冰毒原料，公安人员在呈捕报告书上也列上孙某名字。

这个时候，社会上有传闻，有人愿意出大钱将犯罪嫌疑人保出去。这个消息传到叶某耳中，很快就得到了他的应和。叶某指派有关人员放风：如果犯罪团伙中有人愿意出2000万元，即可“摆平”放人。此招果然见效，他安排孙某与其女友见面，孙某让女友通知家属一定筹钱把他“捞出来”。不久，叶某就与孙某方面谈好“释放”条件。孙某的中间人找到叶某，愿意出1000万元保释孙某，并承诺事成之后给叶某数百万元。

经过一番运作，叶某收受港币800万元后，决定将孙某由刑事拘留变更为取保候审。叶某指示属下重作一份呈捕报告书，将孙某的名字从中删除，将提供冰毒原料的嫌疑全转到外号叫“肥婆”的人身上。为了保证报告书提交给检察院不超法定期限，叶某指使手下倒签了日期。2007 年 1 月 1 日，韶关市公安局以犯罪证据不足、取保候审继续侦查为由，决定对孙某取保候审。1 月 3 日，孙某女友将孙某接出看守所，孙某被释放。12 月 30 日，孙某取保候审期限届满，被解除取保候审，后在逃。

讲求“原则”　规避风险

叶某是从事政法工作的，对腐败犯罪风险有一定的认识，所以他收别人钱并不是随随便便的，而是遵循一定“规矩”，尽可能减少自己的风险。在收受贿赂的过程中，叶某不强讨、不硬要，而是采用互惠、克制、坐等等方式，“不主动索要钱财、不办事不收钱、不催讨该给还没给的钱、不讨价还价、不嫌弃送多少钱”，静候行贿人上门。

当叶某利用职权为他人“办事”之后，他并不马上就收钱，而是采取或暗或明的方式提示对方：过年过节期间可以以“红包”“礼金”形式送到家里去。这样做，即使收钱数量大也不容易被发觉，即便被发现、查处了，过年过节收“红包”的处罚也比直接受贿要轻得多。叶某这种做法掩盖了权钱交易行为，混淆了问题的性质。据调查，叶某在新丰县任职期间，大部分找他办事的人都采取送“红包”的方式向他表示“感谢”。所以，逢年过节之时，叶某家门前总是车水马龙，送礼送钱的人走了一拨又来一拨，人流不断。他在韶关市任职期间，共有 40 多个单位或部门、70 多名干部为岗位调整的事情请他帮过忙，都是给他“红包”。据叶某交代：“每天谁来过，我都记不得了，来人把‘红包’一放就走了。有的塞到枕头底下，也有的放到花盆里，正常情况下，一个年节要收一二百万元。”

痛哭悔罪　愧对家庭

叶某和家人的感情很好，本来贪腐是为了家庭，但结果却毁了家庭，他感到特别对不起家庭。在庭审中，亲属席上有一名50多岁的女子不时抽泣——那是叶某的妻子。庭审休息时，叶某点上一支烟，妻子也能正面见到叶某了。两人对望，立刻噙满泪花。妻子与儿子换了个位置，父子两人久久对视，心情复杂。叶某使劲点着头，烟吸得更快了。

法庭审理中，叶某泣不成声，在亲人的哭声中流泪忏悔，让人们感受他内心的痛楚、愧疚和对家庭的期待：

——我是一个罪人，对不起党，对不起人民，对不起亲人……我只能向他们谢罪、谢罪。

——手里的权力没有为民所用，而且用人民的权力聚财，千古恨、最终走向了深渊。没有抵制住环境的侵蚀，在潜规则、亲情、友情的纠缠下，朋友的朋友、亲属的亲属，没有冲破人情网……人生走到这一步，我的心里只有极度的痛心、极度的内疚、极度的惭愧。

——我感到极度惭愧、内疚。刚开始在看守所，我天天哭，我悔恨当初，我把眼泪都流尽了。要不是老婆孩子，我没有在这个世界上生活的勇气。现在我才知道，最珍贵的就是生命和自己。

——我要再次向党、向人民、向亲友谢罪，我要感谢那些帮助我度过那段时光的人们，是他们让我有了活下去的勇气……

——请法官看在我上有90多岁的父母、下有年幼的儿女都需要我的照顾，也看在我自首和立功的表现上，请法院给我一次重新做人的机会，让我能在有生残年回家和家人团聚。

乍听起来，叶某颇有人情味，他没有只想着自己，还惦记着家人；但仔细琢磨，恰恰是这种为“小家庭”而蛀空“大家庭”的想法害了叶某，成了他走向堕落的动因和推手。

庭审结束时，叶某从被告席站起来，家人立即站起来往一块凑。儿子和女儿哭着用家乡话喊着“爸爸”。叶某看着亲人，停住脚步，不舍离去。一家人看着法警押解叶某离开，走向过道，都哭成泪人。

【简评】

人都是有感情的。党员领导干部不仅像普通人一样拥有感情，而且感情还可能相当丰富。但是，作为党员领导干部受人民群众委托从事公务，由于身处要职，表达感情必须讲究方式。如果认为只有给家人钱财才是呵护家庭、关爱家人的最好办法，那是头脑过于简单；如果想通过滥用手中权力为家人聚敛财富，帮助他们过上好日子，更是十分幼稚的想法，不仅会触碰纪律底线，而且会触犯法律，构成严重犯罪，绝不是受党教育多年、有长期从政经验的领导干部所应想和所可为。这一方面反映了其党的宗旨意识淡薄，与党员领导干部的标准和要求相悖；另一方面是持家、教子无方，不仅不能正确履行职责，而且无法呵护家庭，无法培养子女独立自强自尊自信，结果只能是“满盘皆输”。

叶某一案让公众看到一个为家庭而滥用权力、走向腐败的党员领导干部的失败人生，教训十分深刻。正确处理权力与家庭关系，正确修身、持家和科学教子是一个重大课题，党员领导干部必须高度重视、认真对待，切莫像叶某那样滥权腐化，愧对家庭，遗恨终生。

以区长为“轴心”的家庭“腐败圈”

——北京市海淀区原区长周某腐败案

2008年3月28日，北京市第二中级人民法院一审以受贿罪判处北京市海淀区原区长周某死刑，缓期两年执行；周妻鲁某被以相同罪名判处无期徒刑。

周某从1998年至2006年，利用担任朝阳区委常委、宣传部长，朝阳区常务副区长以及海淀区委副书记、区长等职务的便利，接受多家企业的请托，为请托人谋取利益，单独或伙同鲁某多次非法收受他人给予的款、物共计折合人民币1672万余元。其中，鲁某参与受贿共计折合人民币889万余元。

周某腐败透出明显的家庭印记，一方面是夫妻一起受贿，另一方面是表弟参与腐败。经法院查明，周某从1998年至2006年，利用职务之便，接受多家企业请托，为请托人谋取利益，单独或伙同鲁某多次非法收受他人给予的款、物共计折合人民币1672万余元。其中，鲁某参与受贿共计折合人民币889万余元。在实施腐败的过程，画出了一个以周某为圆心的腐败圈，周某走到哪里，这个圈子就跟到哪里。除了周某本人的腐败之外，妻子紧随其后，从事中介咨询，表弟投奔表哥搞绿化，家庭、家族尽享周某权力带来的腐败“红利”。

丈夫成为全家腐的“轴心”

在周某的家庭腐败案中，他本人无疑是最为关键的轴心。调查表明，周某腐败主要集中在土地管理、房地产、宣传广告等方面。

周某在任北京市海淀区区长期间，与北京泰跃房地产开发公司董事长刘某关系密切。当时，泰跃房地产开发公司面临财务危机，无奈只能从其投资的稻香湖项目中撤资，周某为其提供了便利。2003 年 10 月刘某送给他美金近 93 万元，2006 年春节前刘某又送给他人民币 100 万元。周某在任海淀区区长期间，利用职务的便利，为北京瑞景清源房地产公司开发主语城项目提供帮助，于 2006 年收受该公司总经理张某以给鲁某发工资、奖金等形式给予的人民币 29 万元。周某为北京亿城房地产开发公司承接“竹园”项目提供帮助，于 2006 年先后两次收受公司副总经理李某人民币共计 200 万元。

北京瀚天诚信汽车咨询服务有限公司董事长周某某，作为中介人运作一汽丰田销售有限公司，准备在海淀区注册公司并选址建办公楼。在此过程中，周某为他们提供了很大帮助。2005 年 6 月，周某某送给周某人民币 198 万余元。北京坤正房地产投资顾问有限公司承接棕榈泉项目，周某在其前期规划过程中为他们提供了帮助。为了表示感谢，公司总经理张某某送给周某人民币 10 万元。

周某担任朝阳区委宣传部部长、朝阳区副区长、海淀区区长期间，还在宣传广告管理方面利用职权收受贿赂。他为北京蓝色家园广告公司承揽广告业务提供帮助，总经理陈某送给他人民币共计99万元。他为北京大正广告公司承接广告牌提供帮助，公司经理送给他人民币共计45万元。他为北京波普广告艺术有限公司经理黄某承接广告牌提供帮助，黄某多次送给他人民币共计20万元。

妻子追随丈夫搞中介咨询

周某祖籍江西铅山，1978年考入清华大学电机系，成为“文革”后第二批大学生。此前，他在河南省中牟县插过队。1983年，周某清华大学毕业后留校工作。1989年9月，他担任清华大学团委书记。1993年，他担任北京市朝阳区委常委；1994年，担任区委宣传部部长；2000年1月，担任朝阳区委常委、常务副区长。2002年3月，周某调任北京市海淀区委副书记，同年11月成为海淀区区长，同时兼任中关村科技园区管委会主任，区北部地区开发建设委员会主任。另外，周某在清华大学毕业后，还先后在清华大学社科系、中国科学院研究生院深造，获得管理学博士学位。

周某的妻子鲁某，1962年出生于哈尔滨，两人1991年生有一女，曾在北京歌华公司工作。根据北京市有关规定，省（部）、地（厅）两级党委、政府主要领导干部配偶、子女在该领导干部任职地区不准从事房地产开发、经营及相关代理、评估、咨询等有偿中介活动；不准从事广告代理、发布等经营活动……不准从事其他可能与公共利益发生冲突的经商办企业活动。但是周某的妻子鲁某却根本没有照这个规定从业。随着周某升迁，鲁某的工作几经转换。

2000 年 1 月，任职朝阳区委常委一职已有七年的周某升任朝阳区政府常务副区长。鲁某开始从事中介咨询工作。2000 年 1 月，她与另一自然人孟某各出资 25 万元，共 50 万元，注册成立北京盛世风华现代企业管理咨询有限公司，鲁某任公司经理和执行董事。公司经营范围包括企业投资咨询、企业兼并、改制、重组咨询及经济信息咨询等。2001 年 2 月，鲁某又出资 20 万元，另借其亲属王某之名出资 10 万元共 30 万元，注册成立了北京诚信世家企业管理咨询有限公司，设址于东城区灯市口大街，经营范围包括企业管理咨询、企业形象策划和广告业务等。

周某很有思路，他升任朝阳区常务副区长后，即策划并组织了“朝阳国际商务节”，重点推出“CBD 概念”等，这个创意为周某赢得了良好的政治声誉。而与此同时，鲁某控制的北京盛世风华也获得了发展机会。2002 年 3 月，周某调任海淀区委副书记，4 月代理区长。周某很快又提出了流传甚广的“上风上水上海淀，融智融商融天下”概念，也是不错的创意佳作。

周某仕途一路十分顺利，鲁某也成为房地产商竞相结交的对象。她的两家咨询公司在周某的腐败犯罪过程中也发挥了重要作用。鲁某与周某共同受贿 800 多万元，主要是通过这两家公司转的账，为夫妻两人共同占有。其实，鲁某的信用捆绑在周某那里，很多人与鲁某合作完全是看在周某的面子上。

2006 年，一家国有房地产公司总经理李某为感谢周某帮助公司顺利躲过大难，邀鲁某到其公司任职。鲁某在经周某同意后，于 2006 年 6 月进入这家公司，担任招商部经理，但是半个月后就离开了。在短短半个月时间，鲁某未从事过任何工作，招商部实际上另有经理具体负责。2006 年 12 月至 2007 年 2 月，房地产公司通过倒签劳动合同日期，以工资、年终奖、项目奖等名义付给鲁某共计人民币 29 万余元。

“表弟”来京搞绿化

周某有个“表弟”王某，与周家是世交，两人是十分要好的发小。王某原为河南某客运管理处工作人员，后来做汽车生意，在郑州有两家公司——郑州晨曦出租汽车有限公司和郑州晨曦汽车修理有限公司。2002 年 4 月，王某和郑州市园林绿化实业有限公司各出资 50 万元共 100 万元，在北京注册成立了北京博雅绿茵园林绿化有限公司。后来，他们对出资比例进行了调整，变成王某出资 90 万元，郑州市园林绿化实业有限公司出资 10 万元。

王某本来不懂做工程，也不懂园林绿化，但为什么要注册北京博雅绿茵呢？显然，他是投奔“表哥”周某而来，想背靠周某赚大钱。园林绿化行业与建筑行业一样，实行资质准入制。王某并无技术基础及人才储备，所以便找到郑州市园林绿化实业有限公司，与人家搞合作，实际上就是冲着人家的资质和技术而来，有些挂靠的意思。郑州市园林绿化实业有限公司有 40 多年园林工程施工经验，注册资金 2010 万元，拥有国家一级园林施工资质。正是由于与郑州市园林绿化实业有限公司合作，北京博雅绿茵在成立不到 2 个月就获得了四级园林施工资质。当然，这家公司资质很低，一般无缘承揽重大工程。

但是，资质很低似乎对北京博雅绿茵承揽工程没有产生丝毫影响，在没有任何招标信息公布的情况下，公司在北京市海淀区先后承揽海淀公园、圆明园、博雅德园、稻香湖景酒店（五星级）等工程的部分标段。此外，北京博雅绿茵还参与了一些项目的部分工程，包括海淀区北清路道路改造工程、海淀区政府西花园工程，以及博雅西园、博雅德园等房地产项目的绿化工程。2005年北京博雅绿茵在承揽圆明园工程时，正值“防渗透膜事件”引起各界关注。从2003年8月到2005年12月，市、区两级政府投入圆明园的综合整治经费高达2亿元。

2002年11月，周某担任海淀区区长。2003年他提出所谓“环境建设年”，调动力量筹资60亿元建设“秀美山水、园林海淀”。北京博雅绿茵所承揽的上述工程无一例外来自“环境建设年”确定的综合治理系列工程，其中海淀公园是最大的工程项目。从中可以看出权力与资本的互动，也透露出其灰色性质。一次，王某结完账后到周某家，激动地拍着胸脯对周某说：“我挣的钱里有你的一份。”实际上，可以这样讲，王某与周某有着共同的“钱袋子”。

【简评】

周某夫妻一政一商，丈夫为官，妻子经商，可谓“相得益彰”。然而，他们的从政与经商与普通人的从政与经商大不相同，从政与经商之间存在千丝万缕的关联关系。一方面，妻子与丈夫相伴相随，丈夫到哪里任职，妻子就到哪里经商；另一方面，为了开展业务方便，妻子成立了两个管理咨询公司，选择从事中介咨询服务，便于与丈夫的权力相衔接。这种做法不仅与党和国家的政策、规定相违背，而且瓜田李下，难以撇清经商与权力之间的利益瓜葛。实际上，在其背后，明显存在权力与利益的连接，周某的权力无形中成为妻子商业的保护伞，妻子在丈夫权力影响力的笼罩之下，获得了不菲的商业收益。当然，两人还更进一步，就是直接利用丈夫的权力收受贿赂。其中，很大一部分贿赂是通过妻子的公司转账的。至于周某的“表弟”王某大老远地从河南到北京从事自己没干过出也不了解、不懂得的园林绿化，无非是投奔“表哥”，想寻求权力的帮助，好让自己赚大钱。

周某利用手中权力和职务影响力为妻子、亲友从商撑起了一片“小天地”，营造了特殊的“小环境”，通过这种以权为商谋利的运作模式，为自己的家庭、亲友享有权力“红利”创造便利，属于典型的家庭腐败形式，而夫妻两人共同受贿则属于更加恶劣、严重的家庭腐败。由于腐败暴露被依法查处，他们为以权力腐败为前提的家庭腐败付出了十分惨重的代价。党政领导干部手握权力，务必保持清醒的头脑，严肃对待家属经商办企业问题，以此为鉴，以此为戒。

“枕边风”吹出女贪官

——重庆市交通投资有限公司原总经理李某受贿案

2011 年 12 月 16 日，重庆市第二中级人民法院一审以受贿罪判处重庆市交通投资有限公司原总经理李某死刑，缓刑二年执行，剥夺政治权利终身，并处没收个人全部财产；以受贿罪判处其夫程某有期徒刑十五年，并处没收财产 100 万元人民币；两被告人受贿所得予以追缴。2012 年 3 月 14 日，重庆市高级人民法院终审判处李某无期徒刑。

“贿”风日渐频频收礼

1966 年，李某出生在重庆市巴南区的一个贫苦农家，1985 年她顺利考上了大学。经过大学学习，她掌握了足够的知识和技能，大学毕业那年，她参加成渝高速公路建设，这是重庆市第一条高速公路。那个时候，她工作踏实、细致、认真，无论画图、描图、计算，还是现场察看，每个细微之处都是这样。当看到自己亲自参与设计的一座座桥梁、一条条隧道从图纸变成现实，她充满了成就感。

李某在研究方面有特长，她一边工作，一边相继参与 20 多项科研项目研究，多次荣获市级奖。因为成绩突出，她被评为“中国公路学会百名优秀工程师”，还进一步当选第九届全国妇代会代表，获得“五一劳动奖章”。由于工作出色，李某进步很快，她先后被任命为工程处处长、总工办主任、工程管理部经理等职务。李某一路走来，十分顺利。假如她能一直坚持安于本分，也许和大多数人一样，工作体面，收入稳定，会拥有幸福安宁的日子。然而，自从担任万开高速公路有限公司董事长后，她的命运渐渐发生改变。

2003 年，李某任万开高速公司董事长，由于掌握着 3 条高速公路建设项目管理权，一些单位和个人纷纷上门，与她拉关系、套近乎。李某被邀参加宴请、应酬或聚会，每次总少不了丰厚的红包和各种不同的“礼物”。其实，她也清楚，人家邀请她，送礼送钱，都是有明确的目的，即要她在招投标、工程变更、工程款拨付等环节给予关照。刚开始收礼、收钱时，李某还不好意思，有些不安，但是看到大家都在收，她也产生从众心理，同样收下。环境会改变人，她很快习惯于这种人情往来，没有觉得有什么不能接受。这样，每逢过年、过节，施工单位都会送给她一些礼物和现金，她都来者不拒，一一收下，心安理得。作为回报，李某在工程管理及工程款拨付中，也没有为难他们。时间一长，李某习惯了各种应酬，也收了不少财物。

“枕边风”吹动女人心

李某的丈夫程某是自己的大学同学。程某大学毕业后被分配到成渝高速公路指挥部从事监理工作，后来担任重庆交通工程监理咨询有限责任公司分公司经理。大约 2000 年，程某看有人炒股发财，开始背着李某偷偷炒股。刚开始时，他的运气还挺好，尽管对股票行情一窍不通，但是凭感觉在股市买买卖卖，居然在两三年时间赚了200多万元。但是好景不长，没过多久，股市走低，加上经验不足，他投入的资金如泥牛入海，血本无归。由于赔钱难过，程某整天长吁短叹，精神萎靡，幸福的家庭笼罩上了一层阴影。

看到程某像赌徒一样迷恋股票，李某于心不忍，就苦口婆心地开导他，劝他学会放弃。但是程某根本听不进去。相反，程某开始做李某的工作，对她讲："你手里管的项目不少，求你的人那么多，现在都讲潜规则，为何不趁机弄点钱?"李某一听，火冒三丈，大声与他争吵起来："亏你想得出，你这不是把我往火坑里推吗?"

程某被拒之后，不再说话，但是并没有死心。到李某心情好一些的时候，他又接着在李某耳边吹风，做工作："你看你虽然在拿年薪了，可我们连房子都买不起，我们总不能长期租房住吧？为了孩子，你得想想办法呀!"只谈钱，谈投资，确实无法打动李某的心，但是程某谈到房子问题和孩子的将来，却一下子触动了她的软肋。这时候，李某开始心里盘算，拿自己与别人比较，感到确实有些寒碜。丈夫的枕边风产生了一定效果，她的心理有了不少的转变。

夫唱妻和成受贿"搭档"

丈夫负责联系请托人，然后告诉担任董事长、总经理的妻子，妻子在公路建设中关照、帮助请托人，再由丈夫从请托人那里收取贿赂，这成为这对夫妻受贿的基本模式。李某夫妻两人采用这样方式，在2004年至2008年期间共受贿人民币914.6万余元，千足金金条1根（500克）。两人可谓夫唱妻和，一个运作，一个收钱，成为黄金“搭档”。

2003年，李某担任了万开高速公路有限公司董事长。在建设万开高速公路期间，朱某请程某向李某请求帮忙获得分包工程。程某把这事告诉了李某。李某向承建单位万开高速公路的岳阳路桥公司、贵州桥梁公司负责人打了招呼，朱某顺利从中分包部分土石方工程。为表示感谢关照，朱某于2004年2月和2005年2月先后在重庆一家茶楼、一家酒店送给程某15万元钱，程某收下后告诉了李某。

2003年，万开高速公路工程对外招标，中铁十四局集团成都分公司经理袁某请李某吃饭，希望帮他承建部分工程，并许诺事后给好处费。李某答应帮忙，让袁某与程某联系。袁某许诺中标后给予200万元好处费，程某告诉了李某。2003年11月，经李某运作，中铁十四局集团成都分公司以总公司名义中标、承建了万开高速公路工程E1合同段工程。2004年1月至2005年1月，在重庆大坪一酒店，程某先后3次通过李某堂兄李某某从袁某手中拿到200万元人民币，并从中分给李某某14万元。每次程某都告诉了李某。程某拿这些钱炒股，还购房款。程某在第一次成功拿到200万元之后，受到很大刺激，一下子激发了捞钱欲望和“雄心壮志”。李某对此事心照不宣，放任、听任他周旋于工程之间。

2004年下半年，在沪蓉国道主干线支线分水岭（鄂渝界）至忠县的高速公路工程招标期间，中铁隧道公司西南指挥部副指挥长王某找到程某，请他帮忙找李某关照，并许诺给好处费。程某答应了王某，并承诺从好处费中给王某5%的回扣。程某把这些情况一五一十地告诉了李某。

2005年2月，中铁隧道公司中标承建了该工程的B6合同段和B13合同段工程。2005年5月至2007年4月，程某通过李某堂兄李某某从王某和工程项目经理韩某那里3次收现金，2次转账，共收好处费495万元。程某按预先承诺给了王某15万元回扣，给了李某某40万元。李某收到钱之后，对这个公司在资格审查、施工中工程进度、质量监管、拨工程款等方面给予“关照”，使其顺利过关。

2005年下半年，重庆外环高速公路北段工程公开招标，江苏省海门市帕源路桥公司徐某请程某出面让李某帮忙承建工程，程某同意并收了徐某10万元。随后，徐某以中港第三航务工程局名义投标该项目，经李某帮忙，2006年1月中港第三航务工程局中标该工程的N10合同段工程。2006年6月至2007年11月，程某通过李某堂兄李某某收受徐某给予好处费共计150万元，程某将其中的15万元分给了李某某，其余135万元用于自己炒股。

悔恨交加泪水涟涟

案发后，李某、程某主动供述大部分受贿事实，退缴了案款共计人民币302.64万元，美元2.92万元，500克的千足金金条1根，50克的CGCI牌金条、“老凤祥”银楼金条各1根，“花开富贵”金条1根，以及部分项链、戒指等物品。2011年11月30

日，重庆市人民检察院第二分院指控被告人李某、程某犯受贿罪，向重庆市第二中级人民法院提起公诉。在法庭上，李某对指控事实没有异议，辩称部分共同受贿只是事后知情，表示认罪、悔罪，请求从轻处罚。程某对指控的基本事实没有异议，表示认罪、悔罪，请求从轻处罚。

法院认为，被告人李某身为国家工作人员与程某共同利用其职务之便，在高速公路工程及相关绿化工程建设中，为工程承建单位及个人提供支持、帮助，共同收受工程承建单位及个人送给的好处费共计 880 万元人民币。此外，被告人李某还利用职务之便单独收受好处费共计 34.6 万元人民币和价值 12.25 万元的千足金金条 1 根，两被告行为均已构成受贿罪，属于共同犯罪。被告人李某利用职务之便为被告人程某的请托人在相关工程建设中给予关照、帮助，程某联系请托人并收取贿赂。市第二中级人民法院一审判决被告人李某、程某犯受贿罪；判处被告人李某死刑，缓期二年执行，剥夺政治权利终身，并处没收个人全部财产；判处被告人程某有期徒刑十五年，并处没收财产 100 万元人民币。

李某被查后在看守所里，每天面对冰冷的铁门铁窗，满是悲伤与落寞，回首过往，悔恨交加，泪水洗面。她检讨自己，“我就是没有注意细节，从收红包、礼品开始，最后成为大贪”，提出忠告“勿轻小事，小隙沉舟；勿轻小物，小虫毒身”。她深刻反省：“由于内心的贪欲太重，经不起诱惑，成了金钱的俘虏。”她哭过、悔过、痛过，然而却无法改变自己犯下的罪孽，因为法律不相信眼泪。所以，她以自身的教训告诫他人“自觉遵守党纪国法，谨慎用好手中权力。贪欲害人，千万别伸手，伸手必被捉”！同时，“请管好自己身边的人，决不能让家属插手自己管理的事务，否则祸害无穷”。

【简评】

重庆市交通投资有限公司原总经理李某，因丈夫吹“枕边风”，自己把持不住，结果夫妻俩收受贿赂，被重庆市高级人民法院终审判处无期徒刑。从李某的忏悔中可以看出，她刚开始时并不想贪，但由于沉湎于股市、赔了钱的丈夫不断劝说，让她多考虑考虑家庭、房子和孩子，逐渐地内心起了变化，加上本来不坚定、不坚持，在自己内心深处的贪欲冲击、驱动下，占有、获取钱财的欲望不断强化，抵挡不住不法分子和趋利者的围攻、诱惑，一步步成为金钱的俘虏。结果，夫妻两人一唱一和，大演“双簧”，联手腐败，双双获刑。腐败导致家庭破碎，白发苍苍的父母痛心疾首，无人照顾，帅气的儿子忽然失去成长的快乐和人生追求。这个时候，他们才真正体会到与家人在一起的美好时光有多么珍贵，但是本来正常的生活却变得可望而不可即，成了人生的奢望。

像李某这样被“枕边风”吹落下马的领导干部不在少数。“枕边风”是十分轻柔的，却又是威力巨大的，既能让相貌堂堂、威风凛凛、庄重严肃的男同志俯首听命，又能让“女汉子”放弃追求，迁就顺从，委曲求全。但是“枕边风”毕竟只是一阵风，是一种近距离的“劝说”和“游说”，并不足以、必然地打动领导干部的心。“枕边风”实际上是通过唤醒、催生领导干部内心的贪欲而起作用。贪与不贪、廉与不廉终究是由领导干部本人决定的，所以关键要看领导干部本人，看领导干部是否有清醒的头脑和坚定的信念，这是决定性的、根本性的。当然，人非草木，孰能无情。夫妻结发同枕席，是亲密伴侣，理应休戚相关、命运与共，要完全抵御“枕边风”的消极影响，并非易事，所以双方都需从信念和行动两个方面积极努力。无论妻子还是丈夫，都应当保持头脑清醒，不能推波助澜，鼓动甚至胁迫对方搞腐败。相反，夫妻间必须彼此信任，相互提醒，互相支持，在关键时刻多给对方一些善意的忠告和劝诫。如果总是出于私心给对方灌“迷魂汤”，难免自食其果，害了对方，毁了自己，败了全家。

被朋友和妻子催化的腐败

——浙江巨化集团公司原董事长叶某腐败案

2011 年 4 月，浙江省温州市中级人民法院对衢州市委原常委、浙江巨化集团公司原董事长叶某受贿案进行公开宣判，一审判处叶某有期徒刑十五年，没收其财产 50 万元；一审判处叶某妻子黄某有期徒刑六年，没收其财产 10 万元，依法没收扣押在案的赃款人民币 31.6 万元、港币 7.8 万元及 1 只玉手镯、1 根戊子鼠年金条等赃物。同时，依法追缴叶某、黄某的违法所得。

叶某利用担任衢州市委常委、巨化集团公司总经理、董事长、党委书记、浙江巨化股份有限公司董事长等职务的便利，为他人谋取利益，非法收受他人财物，价值人民币 221 万余元、港币 7 万元，共计折合人民币 227 万余元。其中，叶某妻子黄某参与共同受贿、非法收受他人财物共计价值人民币 80 万余元。案发后，叶某、黄某均主动交代了检察机关尚未掌握的部分受贿犯罪事实，并退出赃款、赃物价值人民币 43 万余元、港币 78730 元，共计折合人民币 50 万余元。

仕途无望滑向腐败

叶某出生在浙江省松阳县一个贫寒家庭。尽管父母没有什么文化，但却十分坚定、执着地培养儿子，努力要让叶某成为一个有文化的人，他们不惧困难、含辛茹苦供他念完了大学。从小吃苦长大的叶某也很孝顺，他不忍心看着年事已高的母亲继续受苦受累，挣钱维持生计，他也不忍心扔下瘫痪多年的父亲无人照顾，于是主动放弃了继续深造、攻读硕士研究生的难得机会，要求分配到巨化集团公司工作，以便早点挣钱养家。

从参加工作起算，叶某在巨化集团干了整整27年，在组织的培养和巨化集团员工们的大力支持下，他一步一步成长为一名专家型的企业领导干部。正是巨化集团这个平台给叶某创造了、提供了一个实现人生理想的大舞台，他对巨化集团满怀着深厚的感情。曾有私营企业想挖走他，开价年薪100万元让他离开巨化，他毫不犹豫地拒绝了。

但是，在经济大潮中，叶某却未能守身如一，永葆初心，由于人生观、世界观、价值观发生了严重扭曲，他彻底迷失了方向，也迷失了自己。2003年，叶某担任了巨化集团公司董事长，与外界接触越来越多。在与一些商人的交往当中，他的内心世界受到一件接一件事情的干扰，越来越不平静，越来越感到不平衡。想到自己既有丰富的专业知识，又有很强的管理能力，在上市公司巨化股份担任过总经理，积累了现代型企业运作的实践经验。与那些商人比较，他感到自己有很多优势，付出也更多，但是自己的收获与付出却不成正比。叶某曾经主导完成巨化集团温室效应减排CDM项目，这个项目在联合国注册成功，是国内氟化工企业的第一个，可直接为国家财政增加20多亿元收入，为企业增加10多亿元利润。但是按巨化集团领导班子年薪规定，他每年只能拿 20 万元至 30 万元的薪酬。一些商人知道了这些情况，便力劝他趁早离开巨化集团，另谋发展之路。但是叶某毕竟在感情上心系巨化，难以割舍，他有自己的远大理想，一心一意想把巨化集团打造成为世界一流的氟化工企业，而且他也一直有从这个舞台去从政的想法，难以放下。2006 年之后，他曾经几次向有关领导提出进行岗位交流，但是一直未能如愿。叶某眼看着自己仕途无望，心理更加失衡，他想来想去，认为是组织对自己不公平，不关心自己，逐渐对自己放松了要求，开始随波逐流，在不知不觉中滑向了腐败之路。

朋友圈子的腐败“催化”

在工作和生活中，叶某结交了一批层次不高、素质较低的民营企业老板、个体老板，他与这些人交朋友、做兄弟。由于长时间与这些人在一起吃喝玩乐，叶某滋生了贪图享受、追求奢华的念头；在这些人的赞美和吹捧声中，叶某模糊了善恶标准；在这些人的礼品礼金面前，叶某逐渐弱化了自我约束，放松了警惕，丧失了原则。曾经一贯坚持的标准和要求开始出现松动，对别人、对自己分别采取两种不同的标准，他开始一边苛求他人，同时放任自己，一步步为金钱所俘获，成为一个“两面人”，在台上大讲廉政，在台下大搞腐败。他对所谓的朋友热情帮忙，给“朋友”打招呼、办事情，收取人家的钱物。

叶某把和自己交往的人分为两类，即“圈内”和“圈外”，实行区别对待。对于“圈内”人送的财物，他会爽快地收下；对于“圈外”人送的钱物，他会坚决拒绝。但是有些时候妻子分不清楚

“圈内”“圈外”，会收下一些“圈外”人的财物。他一发现是“圈外”人送的，便会立即退还，并从此断绝与那个人的往来。因为他从心里对“圈外”人不放心，怕坏了自己的事；只有“圈内”人他才能放心，相信能平安无事。

叶某收取的贿赂大都是他的那些所谓的“朋友”们送的，他用这些钱来购房、装修。在2005年之后，叶某的经济实力已经足可以负担支付购房、装修的一切费用，然而他仍然对朋友送给他买房、装修的钱全都收下，根本原因是没能战胜自己、管住自己。结果，既害了自己，也坑了家人。

妻子成为收钱主力

叶某和家人感情很深，家人们尤其是妻子对他的工作给予了充分的理解和很大的支持，所以他对待家人一向很好，甚至到了过分的地步，结果反而累及家人。由于叶某没能严格管束家人尤其是妻子，放松了廉洁自律要求，为行贿者上门、通过家人送钱送物打开了方便之门。一些人在公司里看到叶某比较严肃，不易接近，不敢将钱直接送给他，就通过家人之手送给他。通过妻子给他的钱物，一些被拒绝了，一些经叶某同意收下了。

调查表明，叶某所收受的贿赂中很大一部分都是妻子黄某接收的，在一般情况下，叶某并不直接参与其中。对叶某来讲，已经形成了“妻子收钱，丈夫办事”的固定受贿模式。之所以这样做，叶某有自己多方面的考虑，但是更多原因是他认为这样做会很安全，事情与自己无关。后来叶某感到愧对妻子，所以在法庭上向法官讲，行贿人都是冲着他的地位和权力来的，恳求司法机关由他承担一切法律责任，对妻子免予刑事处罚。

变换花样聚敛钱财

叶某尽量避免直来直去地收钱，他自以为是地采取隐蔽形式，拐个弯儿、转个圈儿，然后把钱收下。他很懂得“省钱就是挣钱”的道理，所以他在与曾经帮过忙的朋友交往时，常常采取由朋友代己支付、自己不出钱的方式“曲线受贿”。2004 年前后，巨化集团公司硫酸厂原厂长耿某请求叶某帮忙，为儿子调动工作。黄某正好要支付衢州市黄岩堰一地块的价款 5 万元，耿某便为她代为支付。后来，黄某又要购买红木家具，耿某便为她支付了家具款4.5 万元。2005 年至2009 年，叶某受海南某投资有限公司董事长程某所托，为程某在冰机招投标、投资入股、股权转让等事项上帮了不少忙，程某为叶某夫妇代付了各类旅游机票、住宿费、车辆保养费、房屋费税、装修款等费用共计 16 万余元。

叶某还接受别人免费送给的股份。2007 年底，南京某化工有限公司董事长、总经理孙某在叶某夫妇未投入任何资金的情况下，向叶某转让了价值 150 万元的公司股份，目的是获得叶某关照，并感谢叶某对其公司的帮助。2009 年初，黄某还收取这些股权的分红款 30 万元。

在与人交往中，叶某夫妇偶尔也会反馈对方一部分礼金。巨化集团公司下属某贸易有限公司总经理孙某，为了感谢叶某在其任职上的支持，先后 5 次送给他财物 6.9 万余元。2008 年，孙某的女儿结婚，他到叶某家中去送喜糖，黄某送给他 2 万元红包以示祝贺，孙某推辞不过只得收下。但是孙某非常知趣，2009 年春节前又将2万元送回了叶家。衢州某化工有限公司董事长张某为感谢叶某在氯油、废料洗矽铁、包装桶、硫酸铵购销业务上的帮助，先后5次送给他财物共计58.5万元。2007年，张某的妻子姜某到叶家时，黄某送给她一只价值2.5万元的玉手镯，算是还了张某的人情。经营海鲜生意的王某曾经得到过叶某的帮助，但是很长时间过去了，迟迟没对叶某有什么“表示”。2005年前后，黄某便主动找到王某，向王某借款20万元，王某立即将这笔钱送给黄某，并明确表示不用还了，叶某夫妇爽快地收下。

夫妇受贿同堂受审

尽管叶某为了收钱费了不少心思，但是终究无法瞒天过海，掩人耳目，他们的腐败行为很快全部暴露在光天化日之下。从2010年以来，浙江最大的国有化工企业巨化集团接连曝出管理层腐败案件，集团公司及其下属股份公司共有10余名处级以上干部因涉嫌受贿犯罪被立案侦查。2010年8月25日、26日，叶某夫妇先后被浙江省检察院立案侦查并刑事拘留，案件侦查终结后交由温州市检察院审查起诉。

2010年11月4日，巨化集团公司原董事长、党委书记叶某与妻子黄某一起站到了温州市中级人民法院的被告人席，接受法庭的严肃审判。检察机关指控叶某涉嫌受贿价值340万余元、港币7万元，其中，黄某参与共同受贿，非法收受他人财物共计价值人民币78.9万余元。叶某和黄某两人因为受贿被一起押上法庭，夫妻俩相对而立，四目相望，相对无语。夫妻俩一起享受过了奢华生活，现在却要体验同堂受审的滋味。

【简评】

叶某腐败窝案一共涉及18人，其中厅级干部1人，处级干部10人。这个腐败窝案、串案使巨化集团公司的正常生产经营受到严重破坏，同时他的家人受到牵连，蒙受耻辱，妻子因参与受贿而被判刑罚。探究叶某腐败的原因，朋友"圈子"的腐蚀作用固然关键，妻子的推动、协助也很重要，但是叶某内心的蜕变和堕落才是真正的根源。由于心中失去平衡，心有所动，所以他的朋友"圈子"便乘虚而入，乘机诱惑，催动腐败，妻子也顺势出手，助推腐败。至于叶某让妻子收钱而自己不收，应当存在有两种心理状态，一是放任，二是故意。在妻子收下他人送来的钱财之时，叶某不加制止便是放任，在有些时候他明知不该收钱却告诉或者指使妻子收钱就是存心、故意。这其中有叶某的考量，就是为了避免自己亲自收钱，以此降低腐败风险。如此看来，将收钱的罪过部分或者全部加在妻子身上显然不公平，叶某对此也心有所悔，他感到非常对不起妻子，很想找个机会弥补自己的过错。所以，叶某不应感叹"人生无常"，恰恰相反，他应该从"心"开始，深刻反思，省察过去，剖析根源，改过迁善。

“坑儿爹”带两儿子吞国资

——浙江中盛实业投资公司原总经理冯某腐败案

2014 年 11 月 22 日，浙江省温州市中级人民法院对浙江中盛实业投资公司原总经理冯某等 6 人贪污一案作出一审宣判，冯某犯贪污罪，被判处无期徒刑，除其次子冯小某因身患重病另案处理外，其余 4 人分获十五年至八年不等有期徒刑。

2007 年至 2008 年间，被告人冯某、王某及冯小某为获取非法利益，非法侵占使用国有土地使用权股权价值计 478. 25 万元。2012 年 10 月，被告人冯某、冯某某、王某某、任某等人为非法获取个人利益，利用冯某职务上的便利，非法侵吞中盛公司资金 3000 万元。

2014 年 11 月 22 日，温州市中级人民法院对浙江中盛实业投资公司原总经理冯某等 6 人贪污案作出一审宣判。2015 年 4 月，浙江省高级人民法院审理后裁定驳回冯某等人上诉，维持原判。至此，对冯某一手导演的“贪腐大戏”的审判画上了句号，冯某和两个儿子及其他同伙组成的“掘金”团队成员均受到了法律的严惩。

本案主角冯某时年 68 岁，曾任瑞安市副市长等职，案发前是中盛公司总经理、温州中瑞房地产公司总经理、温州中辰实业投资有限公司董事长。他有两个儿子，大儿子冯某某，41岁，无业；二儿子冯小某，是中瑞公司副经理兼中瑞公司淮安分公司原经理、中辰公司原副总经理兼江苏淮安办事处主任。另外，本案还有几个关键人物，一个是中瑞公司江苏淮安分公司工程科原科长王某，另两人是王某某、任某。冯某与儿子等人一起制造了两起贪腐大戏，一是吞地，二是骗钱。

携手小儿弄权骗地吞差价

中农信浙江公司曾在浙江省温州市设立过3家国有独资企业，后来分别更名为浙江中盛实业投资公司、温州中瑞房地产公司、温州中辰实业投资有限公司。浙江省国有资产管理局分别于1998年、1999年对这3家公司代行出资人职能，冯某被任命担任3家公司法定代表人及中盛公司总经理、中辰公司董事长、中瑞公司总经理。中盛公司因而成为浙江省国资局下属国有企业，中瑞公司及中辰公司则是这个企业的两个关联企业。

2000年4月，中瑞公司在江苏省淮阴市设立温州中瑞房地产公司淮阴分公司（即后来的中瑞淮安分公司），冯某的儿子冯小某任中辰公司副总经理兼江苏淮安办事处主任，2007年8月6日担任中瑞公司副经理兼中瑞淮安分公司经理。2000年11月9日，中辰公司出资650万元，以中瑞淮安分公司名义受让淮阴市工农路18号原淮阴市工具厂地块国有土地使用权。2001年，中辰公司以受让价将这个地块50%的股份转让给他人。2007年冯小某、王某两人共同出资，由王某出面，支付650万元从对方处受让了这50%的国有土地使用权。在此期间，淮安市规划局批准这块地块建设临时建筑经营鞋城。

2007 年下半年，冯某父子、王某等人发现这块地升值空间不错，产生了占有国有公司名下 50% 的国有土地使用权、私人开发谋利的想法。正当这个时候，中瑞淮安分公司向淮安市国土局办理房地产开发手续，国土部门提出意见，地块闲置超过两年应无偿收回。三人一起商量，由冯小某、王某负责解决土地问题，冯某负责筹划将国有公司的地块股份转让给个人，他们父子两人故意向公司内部夸大土地面临被无偿收回的风险。2008 年 4 月，在土地问题基本解决的情况下，冯某等故意向公司领导班子隐瞒相关部门已同意中瑞淮安分公司开发该地块的事实，以确保国有公司资金安全为理由，决定对项目实行承包经营。冯某父子提出承包经营该项目的方案，经领导班子集体讨论得以顺利通过。

2008 年 4 月 26 日，冯小某与中辰公司签订投资承包责任书。根据投资承包责任书，地块开发项目承包给冯小某，冯小某在 3 年承包期满后支付承包款 442 万元；冯小某享有全部利益分成，中辰公司不承担风险也不享有股东权益；冯小某等人出资以中瑞公司为股东名义成立中瑞置业有限公司开发经营地块项目，中瑞公司及中辰公司在项目公司中不享有股东权益。接下来，冯小某、王某等人共同出资人民币 800 万元以中瑞公司名义成立中瑞置业公司，由 3 人实际控制，骗取淮安市国土局同意将土地使用权人变更为中瑞置业公司。中瑞置业公司补缴土地出让金 238.5 万元，与淮安市国土局签订国有建设用地使用权出让补充合同，2008 年 8 月 11 日取得地块的国有土地使用权证。经评估，以 2008 年 8 月 11 日为基准日，冯小某、王某等人侵吞国有资产价值人民币 487.25 万元。

联合长子假违约真贪财

2012 年 6 月，温州市农业发展投资集团有限公司根据浙江省人民政府决定将中盛公司划归温州市人民政府管理的文件，要求接收中盛公司、中辰公司、中瑞公司，获得了批准。冯某得知 3 家公司即将被温州农投集团接管的消息之后十分不满，遂产生了侵吞公司资金的想法。

尽管只有初中学历，冯某的大儿子冯某某具有很强的沟通协调能力，他积极活动，通过牵线搭桥，假造合同，来骗取公款。2012 年 10 月，经冯某某牵线、撮合，冯某与儿子冯某某，以及任某、王某某等人合谋，想到了一个"点子"，即找家公司签订虚假股权收购合同，将中盛公司的巨额资金套出，以中盛公司违约为由将该资金予以占有。

有了合谋之后，任某马上联系中稷银泰资本投资有限公司的股东戴某，商定此事。不久，冯某和戴某分别代表中盛实业、中稷公司签订合同，双方在合同上签字、盖章。根据所签合同，中稷公司转让价值 5 亿元的股权给中盛实业，中盛实业应当在合同签订之日起 1 年内支付款项。如果违约，违约方应按总价款的 50% 向守约方支付违约金，也就是 2.5 亿元。

当时，中盛公司总资产有 4 个亿，流动资金只有 4500 万元至 4800 万元。显然，中盛公司无实力收购中稷公司约定转让的股份，冯某等人的真实意图暴露无遗，中盛实业必然会逾期付款，依约应当赔偿违约金。为了更快达到目的，他们故意提前了 10 个月，把合同签订时间倒签为2011年12月28日。

他们还当场制作了一份催款函，以履约期限即将到期为由，要求中盛实业尽快履约，制造出中盛实业不能及时履行合同而违约的假象。2012年10月18日、19日，中盛实业受冯某指示，陆续将3000万元资金汇入了中稷公司账户。随后，中稷公司以对方违约为由将该资金占为己有。2012年10月22日，这笔钱中的1000万元被取出私下瓜分，冯某某分得521万余元，王某某分得228万余元，任某分得240万元。

【简评】

此案是典型的带有“抢夺”性质的腐败案件。冯某带领两个儿子处心积虑地谋划如何从国有企业那里掘取钱财，达到了极端的地步。他与大儿子签订公司必然违约的虚假合同，制造公司已违约需支付违约金的假象，蒙骗他人，然后运用自己手中的权力，向自己预先确定好的对方公司支付巨额违约金，再从公司提取款项予以私分。他与小儿子是另外一条路径，玩的是土地牌。他与儿子等人一起，利用信息不对称造成的机会，隐瞒土地已经批准开发的实情，夸大土地将被无偿收回的巨大风险，骗得公司领导层同意自己将土地以很低价格交由儿子等人承包经营开发，从中既赚取土地贱卖的差价，又获得借用公家名义开发房地产的巨大收益。在法庭审判时，本案主角冯某的傲慢与狡辩更加深刻地表明了其内心世界暗藏了多么阴暗的贪腐思想，多么顽固的自私理念。然而，一切都有自有公道，法律无情，对这种赤裸裸抢夺式的贪腐行为，只有通过法律的严惩才能制止。实际上，冯某也为他的一切付出了昂贵代价，他将不得不在监狱中悲凉地度过自己的余生。只是可惜，他的两个儿子因他而腐，受到法律的追究，蒙受耻辱。

在辉煌中沉沦

——湖北清江水电开发有限责任公司原董事长汪某受贿案

2009 年 3 月，湖北省孝感市中级人民法院以受贿罪判处湖北清江水电开发有限责任公司（以下简称“清江公司”）原董事长汪某无期徒刑。

寒门学子人生辉煌

汪某出身贫寒，上学时刻苦用功，品学兼优。高中毕业后，他考入华中工学院动力系学习，同样是优秀学生。参加工作后，他从基层技术员干起，在组织培养下，经过 20 多年时间，先后担任湖北省体制改革委员会副主任、省人民政府研究室副主任、省人民政府副秘书长，官至正厅。1993 年 10 月起履职湖北省清江水电开发总公司，任公司党委书记、总经理。1995 年 10 月，清江水电开发总公司改制为湖北清江水电开发有限责任公司，汪某任董事长、党委书记。他同时兼任清江公司总经理、湖北省人大环资委副主任委员。此外，汪某还获得了很多荣誉，被选为党的十六大、十七大代表，第九届、十届全国人大代表，享受国务院特殊津贴、获得国家有突出贡献的中青年专家、全国劳动模范等荣誉。作为寒门学子，汪某能够取得如此成绩确实不易，足以让同龄人羡慕不已。

清江是长江中游一条重要支流，水能蕴藏量达500余万千瓦。湖北省从1986年开始开发清江，计划20年建成水布垭、隔河岩、高坝洲3座梯级电站，装机容量300多万千瓦，总投资300亿元。负责开发的清江公司是我国第一家按现代企业制度成立的流域性水电开发公司。随着清江流域开发逐渐走上良性发展之路，清江公司的知名度在行业内外不断提升，被国务院批准作为我国第一家水电“流域、梯级、滚动、综合”开发试点单位，在汪某带领下创造出了媒体称之为“神话”的发展奇迹。

清江公司在创办时资金只有1亿元，最先建设的隔河岩电站启动资金为50亿元，当时湖北经济比较落后，全靠国家支援和省财政多年节省积累，一下子拿不出那么多资金，如何筹措巨额投资，实施滚动开发呢？汪某经过充分调查，深入研究，提出让清江公司作为国有资产的代表，实行“业主负责、建管结合”的全新模式，用隔河岩电站发电收益滚动开发其他两座电站，形成“两权分离、一江两制”的“清江模式”。2005年9月28日，水布垭电站首台机组正式发电，标志着清江滚动开发成功。应当讲，汪某付出了很多智慧和汗水，为清江水电开发立下了汗马功劳。特别是在那场百年一遇的特大洪水中，汪某带领清江公司更是为抗洪斗争作出了突出贡献。

“独立王国”走向沉沦

尽管汪某曾因一度创造“清江神话”而闻名全国，但却不懂得也没有实际珍惜来之不易的事业和人生辉煌，他在相对封闭的环境里失去了应有的清醒与必要的谦逊，清江公司日渐被打造成归属于他本人的“独立王国”。在这种情况下，他沉湎于成就与功劳，躲避和拒绝监督，慢慢从人生顶峰辉煌中跌落，一步步走向沉沦。或许，他无法改变沉沦的命运，由于他的成长过程过于顺利，思想上早就出现了偏差，尤其是放松了世界观、人生观、价值观的学习、培养与改造，自认为家庭出身好，入党时间长，不会出大问题，所以放松警惕，在诱惑面前跌倒。从辉煌人生到腐败人生，汪某落马的根源在于思想防线崩溃，正如他本人所说：“反省思想蜕变的轨迹……归根结底，就是没能成功地改造好自己的世界观和人生观。”

汪某取得了一定成绩，他把那些成绩视为个人的“丰功伟绩”，以此作为居功自傲、自满、自大的资本，他肆意妄为，将公司制度视为虚设，置群众监督于不顾。后来，汪某反省时讲：“我不知道从什么时候起，居然把自己当成清江流域成功开发的‘有功之臣’，把所有功劳记在了自己身上。无形之中，一种骄傲、自豪的感觉油然而生。正由于我有这种感觉和想法，一段时间在清江公司内部出现了一些不正常的现象，把企业经营管理过程中比较重要的一些问题的顺利解决、把推动企业的发展统统都说成是我个人所为。例如，流域开发体制和运行机制问题、1998年的抗洪抢险工作以及区域经济发展问题等。由于我思想上喜欢听成绩和恭维的话，造成在公司内部出现了随意吹捧和不实事求是的不良风气，助长了我的骄傲情绪，老把自己当成‘功臣’。本来我的权力已经缺乏监督，独断专行的作风已经抬头，加上内部吹捧，我的作风更加武断。”清江公司位于宜昌市，远离省委省政府，汪某到任后觉得权力更大了，可以“照个人想法行事了”。正如他本人所说：“我把公司变成了我的‘小独立王国’。一些企业发展和经营过程中的重大问题往往是讨论不够、论证调研不够，只要是我认定的，都是我说了算。”

汪某想建立“独立王国”，自然不喜欢、也不需要监督。在清江公司，他想尽一切办法脱离监督。清江公司有党委会，也有党政联席会，但是都成为贯彻汪某意图、走程序“过场”的部门。后来不仅实际内容没有了，连走程序、摆样子也不要了，结果党委会、党政联席会都很少开，完全成为一种摆设。外部监督更加难以奏效，由于有大量的光环笼罩着汪某，“清江模式”被说成了神话，那些表面的繁荣掩盖了各种内部矛盾和潜在的问题。那个时期，清江流域梯级开发总投入将近400亿元，附属工程也高达几十亿元，在宜昌、武汉、深圳等地投资数十亿元。由于没有监督，汪某利用职务便利，为一己之私，在工程项目的发包、房地产的开发与利用等方面大肆受贿索贿。

1996年8月，一个姓胡的房地产商经人引荐认识了汪某。胡某为争取与清江公司合作，隔三岔五请汪某吃饭联络感情，两人关系日渐密切。1998年上半年，汪某体检后住了一段时间医院，胡某听到消息后马上到医院看望，并送去了2万元钱。接下来，汪某的大女儿因为工作有些不顺心，提出想换个新的环境，胡某积极帮助一手操办，安排她进入自己的企业并派她以企业财务总监的身份出国留学，同时给她提供了38万元人民币作资信证明。

1998年底，胡某向汪某正式提出与清江公司合作开发房地产，由双方共同建设清江大厦，汪某一口应允。2003年8月，正值清江大厦在建过程中，胡某又提出将整个清江大厦全部转让给清江公司，汪某又表示同意。两人商定的转让价高达4700万元，远高于当时市场价。负责合同审签的总经济师觉得其中可能有问题，拒绝签字。在这种情况下，汪某动用作为公司领导的管理权，转让合同上本应加盖清江公司合同专用章和总经济师私人印章，他指使手下盖上清江公司公章和汪某本人的法人专用章。

1998年，清江公司总部从隔河岩坝区迁往宜昌市区。一位姓王的房地产商，与汪某交往了多年，两人关系较熟。有一次两人见面，王某向汪某提出将自己公司开发的宜昌富林花园小区整体卖给清江公司，汪某答应帮忙。其间，王某多次送给汪某钱物，同时不断提高销售价格，最后清江公司一共支付的收购款高达4000多万元。此后，汪某还为王某招揽工程提供方便，从中收取王某送给的多笔好处费。

在失去监督之后，汪某任意行事，为所欲为，影响和破坏了企业的经营与发展，给企业造成严重后果。正如他在检讨时所说："我手中没有受到监督的权力，像一匹脱缰的野马在狂奔，摔坏了自己，撞伤他人，实在太可怕了。"汪某长期在行政部门工作，对以效益为中心的企业管理还比较陌生，尽管他的想法挺多，然而多数不符合市场发展的实际，他动辄以长官意志代替经济规律，凡是决定的事情就一意孤行去推进。隔河岩电站建成后，他曾想把大坝一侧山头雕成一个老虎，发展旅游帮百姓挣钱，结果遭到班子成员全体反对；又想投资办绿色产业带动库区经济，虽然没有经过足够调研、班子成员反对，他仍然强行组建湖北清江绿色产业发展有限公司，总投资6000余万元，推行魔芋种植及其他果蔬加工，结果失败。接管亏损严重、欠瑞士外债2亿元的湖北昌丰化纤工业有限公司的事情，公司只有他一人同意，其余人都反对，但是他仍然强行推动通过决议。经过这么几次折腾之后，班子里对他的意见基本没什么人反对。

水电开发有周期长、投资大等特殊性，在短期内难以赢利，但是汪某急功近利，希望公司能迅速腾飞，想早点把企业办大办强，他借以水电为主体、涉足农业和房产开发的“一体两翼”的企业发展政策，用发电收入抵押贷款，用建电站的借款大量开展发电主业以外的其他项目，导致资金链断裂。他曾经搞多元化经营，投资研发高科技对讲机、机顶盒、电子屏幕等，但是因人才、资金等原因最终均告失败。后来他又转而决定投资地产和酒店，在深圳开发15万平方米的学府花园、时代骄子等房产项目，在北京、武汉、三亚、深圳、香港等地投资建设一批酒店，除个别盈利外，基本都成为不良资产，清江公司一年最多曾投资房产20亿元，而多年来投资直接损失高达12亿元。

亲情所累大费心机

汪某在华中科技大学工作时，为增加一点家庭收入，他和爱人经常利用星期天的时间去锤石子、运石料，挣些零花钱补贴家用。当时的生活虽然艰苦一些，但是由于思想单纯，日子过得十分踏实。到了清江公司工作后，他的收入明显提高，经济条件也显著改善，但是他的思想跟着变得复杂，生活就没有以前那样踏实了。他逐渐向往腐化的生活方式，不由自主地走向堕落。在更多的时候，他不是想着公司、企业的发展，而是积极为退休以后着想，盘算着趁在职时多敛些钱财。

汪某是一个很顾家的人，但是他又过于费心，不惜动用权力为亲人“着想”，实际上是为亲情所累，不仅没有给亲人带来幸福，反而害了他们。与汪某有交集的房地产商胡某正是从亲情出发打动了汪某。他从汪某的大女儿身上发现了汪某的弱点和实际需求，所以想方设法安排汪某的大女儿出国。汪某在大女儿出国之后，又担心她在国外无亲无故，少不了要吃苦头。胡某洞察了汪某的心思，一个劲儿地以汪某的大女儿为由头送钱给汪某。据统计，胡某送给汪某的钱财60%以上用于大女儿的出国费用和国外开支。

汪某的二女儿在深圳发展银行工作。2005年初，姓王的房地产商在深圳买了一套住房要送给汪某。为掩人耳目，汪某要求用王某的名字办理产权手续，然后将房屋钥匙交给汪某的二女儿。后来，汪某感到有些不安，觉得事情不够妥当。于是，他找到王某，提出将这套房子过户到汪家人的名下，并表示要付款120万元以防被查。王某对汪某的心思十分清楚，他同意过户但决不肯要钱。经过一番“推辞”后，两人商定由汪某暂先付款，办理正常的购房过户手续，待风头过了之后王某再将房款退给汪某。

后来，汪某还是不放心。为了更加隐蔽些，他又找到王某，要求王某不要用他二女儿的名字而是用他二女婿的名字办理过户手续。为了保证安全，汪某在办理房产手续时一点也不怕折腾、不嫌麻烦，几经周折，可谓机关算尽、用心良苦。当然，他所做的一切，都是担心东窗事发。

追求享乐滑向深渊

其实，汪某和他的家庭条件很好，并不差钱。正如他本人所讲，“并不是我家庭收入不高，而是自己贪婪之心无节制所致，‘人心不足蛇吞象’，总觉得钱多些，宽裕些，日子过得会更滋润些”。随着年龄增高、职务提升和权力增大，汪某内心的天平逐渐倾斜，思想滑坡，一步一步地放松了自己的世界观、人生观改造，对金钱与享乐的追求越来越强烈。汪某由于过多考虑自己年纪大了，要退下来了而想出路、找保障，进而产生了一切以个人利益为中心的错误观念，这个时候享乐主义完完全全地打开了他的思想缺口。

汪某在与房地产开发商王某的交往中，感到自己工作太辛苦，赚钱却不太多，王某可以长期在外花天酒地，自己却不能，所以汪某十分羡慕王某那种“轻轻松松的工作，放荡不羁的生活”。他常与王某相比，虽然王某文化水平不高，社会贡献不是很大，也不够吃苦耐劳，智商也不是很高，却能赚那么多钱，自由自在地过着奢侈的生活。而自己呢，读的书比王某多，吃的苦多，承担的责任大，贡献也多，但是收入才2000多元，还要受到各种制度和纪律的约束。比来比去，感到自己“太吃亏”了！于是心理强烈地不平衡，导致通过享乐进行补偿的心理一个劲儿地滋长——“随着自己工作条件和环境的变化，加之外界的诱惑以及自己思想改造不到位、抵御诱惑的能力在下降，在清江公司工作的后一段时间中，贪图安逸、追求享乐、攀比吃穿住用的腐朽落后思想抬头并蔓延，把工作和事业放到了次要位置，把艰苦朴素、勤俭节约的精神和品德给抛弃了，羡慕、追求金钱直到后来想着去占有别人的金钱、房子。”

“在清江公司工作的后几年，自己收入高了，家庭经济环境大为改善，而我的思想却变了，总想到一些有钱人吃的是山珍海味，坐的是高级轿车，住的是豪华别墅，随心所欲地游山玩水等等，这些超豪华的奢侈生活，映入到我的生活空间中来了。每当到了节假日、星期天，或我回到武汉，就盘算着上哪里去玩，上哪里去吃，甚至要提早好长时间作出安排。而穿的用的也都讲究进口的名牌，包括衣服裤子、皮鞋、领带和手表等。在武汉市内玩觉得不过瘾，还要到外省外地去玩。这种不断攀升的奢华生活，有它的乐趣和享受，有刺激、有新鲜感，但必然导致你用自己的权力资源和平台去换取钱物来满足自己的消费要求，必然会走向权钱交易，走向腐败的深渊。人一旦不思工作，贪图享乐，追逐奢华，他的精神世界就已经崩塌了。”

【简评】

汪某因心理失衡，寻求补偿，贪心不足而身陷腐败，从受人尊重的大型国企领导堕落为令人不齿的腐败分子，让人感到十分可惜。分析其腐败的原因主要有两个方面，一是内心存在追求骄奢享乐的心理动因，二是外部缺乏对权力有效监督的环境。可以明显地看出，他的腐败之心起于与商人交往和攀比，在感到吃亏后心理失衡，为求补偿而贪念泛起，追求享乐生活，难抵腐败诱惑，逐渐蜕变。作为“一把手”，汪某的权力很大，资金密集，资源富集，腐败机会很多。在众多商人追逐之下，他难以善守其身。他居功自傲，在清江公司一手遮天，独断专行，大搞“独立王国”，规避、拒绝监督，任意作为，所以在腐败道路上越行越远。

本案有个重要特点，就是给汪某送钱的两个开发商都是从他女儿身上找到与他交往和勾兑权力的突破口，他们正是抓住了汪某的情感软肋，满足了他顾家爱女的心理需求，分别从就业、出国、培训和买房上帮助汪某并送钱送物，打动了汪某的心，建立起协作关系，一步一步牵引着汪某帮助他们获取巨大的经济利益。

通过本案可以得到两点启示：一是做人要“知足常乐”。这既是为人经验，也是处世妙方，还是为官箴言。领导干部必须头脑清醒，学会调整心态，保持心理平衡，谨慎用权，不贪不占，才能找到人间正道，常立于不败之地。二是对子女要严格管束，尤其不能让子女成为他人公关办事的突破口。否则的话，很容易被人俘虏，受人情左右，为金钱驱使，进而失去底线。

“为爱而贪”的职场悲剧

——广东省广业资产经营有限公司原副总经理、党委委员李某受贿案

2014年7月，广东省纪委对广东省广业资产经营有限公司（以下简称“广业公司”）副总经理、党委委员李某严重违纪问题进行立案审查。

经查，李某在任广业公司副总经理及下属公司董事长期间，利用职务上的便利，为他人谋取利益，先后多次收受他人贿赂，数额巨大。李某的行为已构成严重违纪并涉嫌犯罪。经广东省纪委常委会议审议并报广东省委批准，决定给予李某开除党籍处分；给予李某开除公职处分，按有关规定办理；收缴其违纪所得；将其涉嫌犯罪问题移送司法机关依法处理。

广业公司成立于2000年9月，是一家综合性省属国有大型工业企业，以工业板块为主，融产品经营、产业经营和资本经营为一体，主要发展环保产业、燃料能源产业、矿业产业和现代服务业四大产业，公司资产总额250多亿元，注册资本12.8亿元，下设12家产业集团，管理全资及控股企业183家，员工1.8万多人。据广东省国资委纪委通报，李某从2006年以来在广业公司工作期间，受人请托，利用职务影响，为他人在污水处理厂项目或

相关设备招投标及其他业务中提供帮助，受贿合计人民币194万元、美元22万元。此外，李某还违反社会主义道德，长期与他人通奸。李某贪腐案排在广东省国资委纪委通报的省属国企十大腐败案件之首。

30年聚会重遇暗恋对象

初恋往往让人难以忘怀，尤其是初次暗恋，更会让人念念不忘，一旦拾起，常常会引起心头生起一丝丝情感的涟漪。这事正好发生在李某身上。李某当年工作过的机床厂同班组工友发起“30年后我们再相会”的聚会，已是广东省科智集团总经理的李某参加工友聚会之时，巧遇30年前的暗恋对象，两人得以重逢。尽管李某已经47岁，早已结婚生子，但是他还是被美好的初恋给拽回了年轻时代。李某的心被彻底搅乱了。

李某是山东人，祖籍山东商河，在内蒙古包头出生。1972年，李某已经年满16岁，当时高中还未毕业，就因家庭原因到英德市省重型机床厂参加工作，当了一名学徒。在他的同一班组有个女工马某，是河北涞水人，比他大一岁。在相处一段时间之后，李某对她暗生情愫，却一直没有机会表白。两年后，由于工作原因李某被借调工作，离开了机床厂，两人从此中断了联系，后来分别组成家庭，过上了各自不同的生活。

阔别30年，工友们重逢自然备感亲切，大家欢聚一堂，共忆往事，一边聊天，一边喝酒，沉浸在一片欢乐和喜悦之中。李某心里高兴，喝了不少酒，已然醉意蒙眬，酒壮人胆，借着酒劲儿，把当年自己暗恋马某的那份情感一股脑儿都讲了出来。李某讲出埋藏心中多年的秘密，感情压力得到释放，心里感到十分轻松。工友马某听了之后，非常感动，由衷地感觉到了一丝丝的甜意。之后，两人进一步联络，联系日渐紧密，久藏的情愫让两人更加珍惜，恨不得马上就重新来过。这段“未了情”让李某无法自拔，两人竟很快跨出男女间最后的界限，并有了短暂的同居生活。李某初恋时的意中人，很快发展成为情人。

为情人谋发展谋利益

眼看着初恋时的意中人就在身边，却无法给她婚姻，李某就从感情上倍加呵护，从经济上大力帮衬，并尽力借用权力帮助马某发展和谋利。

2004 年 8 月，广东省政府对国有企业进行重组，将省属科智机械集团和广业公司下属的信息产业集团进行合并，李某被任命为省广业电子机械产业集团（以下简称“机械集团”）董事长，新的集团公司的主要业务是汽车贸易和电子信息产业。在就任新职之后，李某给马某越来越多的关照。

2006 年的一天，广州蓄电池厂总经理谢某找到李某，坦陈自己开办工厂面临窘境。虽然广州蓄电池厂有客户资源，也有市场关系，但是资金十分缺乏。谢某提出，如果广州蓄电池厂能与机械集团开展合作，那么必将有效盘活工厂的各种资源。为了增强李某的兴趣，谢某表示如果李某能促成双方合作，决不会亏待他。

李某与谢某谈起合作之时，他感到有利可图，心里就想起了马某。马某曾多次对李某讲自己工作很不开心，想找机会从事比较熟悉的外贸业务。李某于是在洽谈合作业务过程中，顺便把马某引荐给谢某。谢某自然很灵光，很快就与马某在香港注册了一家诚华公司。

接下来，李某与谢某公司的合作突飞猛进。李某从三个方面帮助谢某走出困境，一是切实促成机械集团与诚华公司进行合作；二是同意谢某在合作中将机械集团的毛利率降低点数；三是帮助广州蓄电池厂锁定原料采购以降低成本。李某在与广州蓄电池厂的合作中十分卖力，事无巨细、考虑周详，当然，李某这样做很大的原因是为了帮助马某。在诚华公司与机械集团合作的3年中，马某确实得到了很多实惠，不仅得到不少分红，而且在退出公司时还结算、分配了一些利润。另外，马某还代表诚华公司一次性给李某指定账户打过去22万美元。

帮情人办公司搞经营

李某从很多方面帮助马某。李某在担任机械集团的董事长期间，利用职权为马某经营公司的新车上牌业务提供客源；在担任广业公司副总期间利用职权，为马某参股的创展公司开拓业务提供帮助。

2005年，马某经李某的协调、安排，到一家旧机动车交易市场上班。后来，机械集团从交易市场撤了股。为了给马某找条出路，李某筹划和帮助马某成立了一家汽车服务公司，专门负责给汽车上牌照。为了确保公司有稳定的业务支撑，李某特地带上马某，找到广业公司旗下的3家4S店的老总，亲自与几位老总商谈，最后敲定马某公司汽车上牌业务的定位。他的几个老部下看在领导的面子上，自然对马某公司的洗车上牌业务非常支持，为她提供了固定的客源。在李某的安排下，马某公司一直顺风顺水，赚了不少钱。

与情人合伙受贿

马某有个表弟金某，原来在一家私企做业务，但是一直不很顺利。2005年，马某通过李某把金某调入机械集团并担任了业务经理，后来出任了省科学器材公司总经理。2009年初，广业公司下属环保产业集团对东西北污水处理项目设备进行公开招标。拓博公司负责人尹某、业务员江某从网上了解到了相关信息，就找到了金某商量。双方一拍即合，约定拓博公司以科学器材公司的名义参加投标。

金某对此满怀希望，他找到环保产业集团负责人，说是想要参与投标，没想到人家直接给金某泼了一盆冷水。金某没有办法，就找到表姐马某求李某帮助疏通关系。2009年3月，经马某引荐，拓博公司负责人尹某等来到李某办公室，就有关设备、代理资质等一一作了介绍，李某满口应承，并在临别时特别嘱咐他们在今后有什么事可以先去找马某。

之后，经李某授意和协调，科学器材公司过关斩将，在汕头片区污水处理厂的鼓风机项目招标活动中如愿中标。2009年至2011年间，李某、马某、金某陆续拿到拓博公司送来的好处费合计179万元。

法庭求情“秀”恩爱

2015年9月，李某和情妇马某双双在广州中院受审。李某涉嫌受贿罪，而马某涉嫌行贿罪。在法庭上，两人均为对方求情，请求法庭予以轻判。

李某在法庭最后陈述阶段，表达了自己的自责和惭愧："今天在这个庄严的法庭上，我感到非常难过。我作为一个受党教育多年的领导干部，由于放弃了对世界观的改造，放弃了领导干部的底线和原则，让情感和贪欲蒙蔽了眼睛。"

李某讲，自己辜负了党的教育，辜负了信任他和培养他的领导，对不起家人和亲人。他表示自己在稀里糊涂之间犯下了罪，愿意认罪、悔罪。

李某最后为马某求情时说："我希望法庭能充分考虑一下马某的实际情况。她今天坐到法庭上，也在于我，我恳求法庭能对她从轻判决。"

听到李某的话，坐在他身旁的马某已经止不住落泪。在用纸巾擦拭眼泪之后，马某作了最后陈述。她讲自己不是党员，也不是公职人员。作为普通公民，她一直勤勤恳恳做事，本本分分做人。被调查以来，一直配合调查，毫无隐瞒地坦白。"对行贿我是认罪悔罪的。"

【简评】

李某在年轻时有一段被错过的感情，自己单方暗恋一位女工友，30 年后两人见面时恋情被重新点燃，炽烈如火，不逊当初，两人很快冲破普通男女界限，发展成情人关系。为补偿年轻时暗恋过的姑娘，他想方设法帮情人赚钱，"为爱而贪"，失守底线，陷入腐败深渊。为了维系这段尴尬的婚外恋，李某背弃了国企领导应有的职业操守，一次次利用职务便利，或者干预企业招投标，或者直接出面联系、协调帮情人办公司、找合作。经查，李某个人受贿和与他人共同受贿合计人民币194万元、美元22万元。李某后来深感自责和悔意："我因为对她的感情，所以各方面都尽力依着她、帮助她，乃至公私不分，不惜动用自己的职权，帮她赚了钱。"

李某有一个错误观点，就是认为如果爱一个女人却不能给她婚姻，就得利用手中掌握的权力帮她赚钱，算作补偿。表面上看，作为男人他很负责任，但本质上却极其错误。李某要为多年前未曾公开表白的感情负责，却没有想到要为与自己同甘共苦、相濡以沫的结发妻子负责，为现有的家庭负责，根本没有顾及给妻子和家庭的感情伤害。说到底，他这样做还是出于私心，为满足个人私欲。错误的爱情观、权力观使李某无法正确处理感情与权力之间的关系，反而陷于情色困境，为恋情滥用权力，贪污腐化。本案提醒人们，爱情不是错，珍惜感情无可厚非，但是必须理性对待。国企领导应当树立正确的爱情观和权力观，牢守感情的理性边界，保持廉洁从业本色，不能为爱而贪、因情滥权，否则必然是自酿悲剧，咎由自取。

亲情切莫高于权力

——湖南省瑶岗仙矿业公司原董事长兼总经理陈某受贿案

2009年6月，湖南省郴州市中级人民法院二审开庭审理湖南省瑶岗仙矿业公司原董事长兼总经理陈某、刘某夫妇受贿案。判决如下：被告人陈某犯受贿罪，判处有期徒刑十三年；被告人刘某犯受贿罪，判处有期徒刑四年，同时没收陈某个人受贿的113万元，与刘某共同受贿的120万元，上缴国库。

娶了大自己5岁的妻子

在“有色金属之乡”湖南省郴州市，有一个盛产黑钨精矿的湖南瑶岗仙矿，面积达23.325平方公里，是湖南省最大的黑钨精矿生产基地。经营瑶岗仙矿区的瑶岗仙矿业公司是一家国有企业，干部职工达万人，由于矿大人多，尽管同在一个单位工作，好多人却互不认识。陈某就是从瑶岗仙矿成长起来的，先是工人，后来担任矿长，之后担任公司董事长兼总经理。陈某在30岁那年结婚，娶了同在一个单位工作的刘某，当年也算是瑶岗仙矿的一件有轰动影响的重要新闻。

那个时候的陈某年轻，长得高大俊朗，是个十足的帅哥，而且身体十分健壮，喜欢运动，是矿里篮球队的绝对主力，由于篮球打得好，球技高超，所以每到篮球队比赛时总有上乘表演，引得不少姑娘为他捧场喝彩。时间一长，他在矿里也渐渐有了名气。那个时候的刘某是瑶岗仙矿办商场的营业员，不仅性格温柔，而且长得漂亮，不少小伙子追求她。当年的刘某很自信，择偶标准比较高，一直难有十分满意的对象，直到35岁时还没有确定男友，后来才选中了陈某。

两人的婚事在当时成为人们议论的焦点，不仅是由于两人比较有名气，而且由于陈某比刘某小5岁。刘某找一个小自己好几岁的男人，让很多人想不明白，有的女同志讲，刘某是图一时痛快才找了个帅哥，男人年龄小不懂得心疼人，她的幸福不会长久，早晚会被丈夫抛弃。事实确实如此，先前旁人的那些担忧都显得多余，两人结婚之后感情一直很好。

作为妻子，刘某在生活上十分关心丈夫，每天都会做好香甜可口的饭菜，静静地等待丈夫下班回来。每次吃过饭后，她还会端上热水为丈夫泡脚、捶背。到了工休日，刘某帮助陈某换上笔挺的西装，系好领带，一起出去看望朋友，或者手挽手地到街上休闲、散步。与此同时，刘某十分关心丈夫的个人进步，对丈夫的业余时间管理很严格，不准他外出跟工友们喝酒打牌，而是买来相关方面的书籍，让丈夫有更多的时间学习，增长知识和才干。之所以这样做，理由很简单，因为她不想让丈夫当个普通工人。作为丈夫，陈某“懂大体”“顾大局”“有理性”，他觉得妻子做得对，自己也应该那样做，于是他倍加努力，顺利学完冶金粉磨专业课程，逐渐成了一名业务骨干，靠技术和努力得到了领导赏识，先是做了矿长助理，不久被安排担任了机修车间主任。

除了听妻子的话努力学习、工作，陈某也很“绅士”，虽然年龄小，但很会心疼人，经常关心体贴妻子。有一次，刘某患了感冒，很想吃甜酒，但当地没有。为满足妻子愿望，陈某请了假，先是步行20多里路，然后搭乘40多公里汽车，愣是到宜章县城买到了甜酒，然后急急忙忙往回赶，等回到家中已是深夜。感冒中的刘某十分感动，一下子轻松了好多，她一边喝着甜酒，一边深情地对陈某说他是世界上最疼她的人。有一天，刘某看电视的时候随口说，要是瑶岗仙矿这里出产芒果该多好，那就天天都能吃上新鲜芒果了。陈某听见了，马上打电话给客运司机，让司机帮忙从150多公里外的郴州带回了5斤芒果给妻子，让刘某感动不已。

后来，他们生育了一个男孩。刘某人到中年之后红颜渐逝，但是陈某对她更是关爱。1998年陈某被提拔为瑶岗仙矿副矿长之后，仍然一如既往地关爱妻子，照顾家庭，对妻子的话绝对服从。

因老婆插手被动敛财

2005年初，瑶岗仙矿发生了较大的变化，更名为“湖南省瑶岗仙矿业公司”。陈某的职务自然也有所变动，这年5月，他被任命为公司董事长兼总经理。此时的陈某刚满49岁，正是精力旺盛、事业辉煌的好时候。但是刘某却已经54岁，按规定已经退休，难掩“人老珠黄”的容颜，她尽量打扮，但终究难以改变，有的人甚至叫她老太婆。

陈某走上了瑶岗仙矿“一把手”岗位之后，身负矿山的使命，肩负企业的重任，直接关系全公司万余人的生存和生活，他期望自己能干好，也努力工作，企业发生着前所未有的变化。由于整天忙于工作，有的时候一个月有一半时间人不在矿区，即使人在矿区，他也直到很晚才能回家，不仅与妻子见面时间明显减少，就连说话的时间也减了不少。每当刘某看到丈夫十分疲惫地回到家里的时候，总是十分心疼。

瑶岗仙矿生产有色金属，矿区生产的一部分是以采掘运选为主，另一部分是残矿区域的回采生产。随着市场经济发展变化和需求增大，有色金属矿产品价格倍升，利润倍增，矿产品成了香馍馍。各路人马蜂拥而至，都想在矿山残矿作业生产中分一杯羹。这些人有的是矿内职工，有的是矿外人员，为了谋求利益，获取财富，寻找各种关系，通过不同办法，想方设法与陈某建立联系，谋求矿山残矿作业生产的机会。

这个时候，袁某找到了刘某，希望通过她找陈某说情，帮助他承包17段的垱头残矿。袁某为了打动刘某，向她许诺，如果能帮他把事办成，可以当合伙人，每年分一半利润。这样做，刘某可以与他们合伙开矿，不仅不犯法，而且不用出一分钱，却可以获得可观的收入。刘某想了想，觉得是个好办法，也就答应了袁某。她甚至想，通过这种方式可以得到大笔额外收入，有经济作后盾，底气足了，可以为自己解除后顾之忧。到了晚上，陈某下班回了家，刘某便提出将17段垱头残矿给袁某承包开采，没想到陈某当即坚决反对，两人为这事争吵起来。这是两人结婚以来第一次争吵，刘某感到丈夫不再“听话”，心里想丈夫可能会抛弃自己，反而强化了帮助袁某办成这件事、自己也从中搞笔钱的想法。

这边没有什么进展，那边袁某着了急。袁某找到刘某，问承包17段垱头残矿的事进展如何。这一次，袁某保证只要能让他承包，他一年最少给刘某分红60万元，甚至可以在她不出钱的情况下先预支20万元给她。袁某的大方深深打动了刘某，于是她动用全身解数，软磨硬缠，陈某拗不过，只好答应了妻子的要求。第二天，陈某向副矿长打了个招呼，并同其他几个领导通了通气，很快确定让袁某承包17段垱头残矿。事情进展十分顺利，2005年8月8日，袁某如愿以偿，正式与瑶岗仙矿签订承包合同书，取得了17段垱头残矿开采权。

袁某也算是财运好，他承包17段垱头残矿开采之后没多久，就开采到了富矿，结果赚了大钱。2006年元旦后，袁某立即兑现承诺，他用一个蛇皮袋装了50万元现金直接送到刘某家里，刘某见了这么多钱，又惊又喜，连说几声谢谢，便收下了。一个星期后，陈某从长沙开会回来。刘某将这件事告诉了丈夫，但却藏了个心眼，没有将全部情况都告诉陈某。她只是说袁某送来了20万元分红钱。陈某认为这笔钱是以妻子名义与人“合伙开矿”的收入，便对妻子讲要她保管好。刘某一见丈夫如此态度，也就放了心。3个月后的一天上午，袁某又来了，送给刘某30万元，刘某坦然地收下。

拿弟弟说事被妻说服

刘某从2007年初开始炒股，刚开始还赚了些钱。然而，没有想到好景不长，3个月后股市走低，持续低迷，刘某一下子亏了20万元。刘某起了赌心，就向丈夫要钱，陈某把半年工资交给她。刘某拿到这笔钱继续投入股市，但是很快又赔了。这个时候，刘某陷入股市已经无法自拔，她思来想去，觉得动用工资无论是自己的或者是陈某的去炒股很难控制风险，所以认为还得想其他办法弄钱。于是，刘某又向丈夫提出要他去弄些钱炒股。然而，陈某却坚决反对。

陈某在老家耒阳有个弟弟陈某某，是他唯一的兄弟，已经下岗了，日子过得挺艰难。他没有生活来源，还得供孩子读初中。有人经过打听找到陈某某，鼓动陈某某去做陈某的工作。但是陈某没有答应，他们又进一步劝说陈某的母亲和妻子。股市投入了几十万元的刘某不甘心亏空，一心想把钱赚回来。一天，她向弟弟陈某某借了5万元炒股，陈某某没有马上答应嫂子，而是提出让她做哥哥的工作，帮助他和朋友常某承包开采二垱头矿，刘某答应了陈某某。

在母亲和妻子的劝说下，陈某开始动摇，他通过生产部门暗示将其中一个作业垱头分给了3个人，其中包括他的弟弟。于是，陈某某顺利地进入残矿作业垱头。这个垱头作业条件比较好，矿石品位相对较高，为了回报陈某，其他几个合伙人让陈某持有“干股”，直接参与分配。通过这种方式，陈某先后赢利120万元，陈某某分得40万元。

通过陈某的运作，2007年8月10日，常某顺利获得瑶岗仙矿二垱头矿开采权。过了3个月，常某分给陈某干股红利22.4万元。陈某拿到钱后给刘某10万元，供她炒股。陈某要弟弟把钱都存起来，并注意对外保密。

之后，由于陈某某介入，那些人又采取同样方式找刘某游说陈某，指名要承包一残矿作业垱头。陈某找到相关人员打了招呼，刘某帮助朋友顺利承包了这个残矿作业垱头。刘某通过承包人获得1份股份，出资5000多元合伙买了1台压风机，不到3年时间就从中分得合伙经营利润120万元。

深陷贪腐对妻言听计从

经过几次成功游说、帮忙，刘某手中有了钱。她仍然继续炒股，恰好赶上好机会，所买股票一路走红，她算算自己一下子赚了25万元。无比兴奋的刘某开始做发财梦，她心里盘算着，自己一下子就赚那么多钱，假如再多投入一些钱，那么应当能赚上百万元甚至几百万元。如果通过炒股可以赚那么多钱，就可以不必再上班，也不必当官，自己可以整天和丈夫厮守在一块。

晚上，兴奋之中的刘某对陈某讲，让他再用几次权，想办法再入几份干股，这样就可以保证财源滚滚，再加上炒股，一辈子有花不完的钱。但是，陈某还是小心谨慎，有所顾忌的，他一直担心，害怕出事。但是刘某没有害怕，相反她信心十足地开导丈夫，为他打气。她对陈某讲关键是看如何掌握分寸，再弄几笔钱就可以让贤了，退居二线过自己的幸福生活。刘某甚至劝陈某再过一年，到2008年底把董事长的位置让出去。陈某听着刘某的话，觉得有几分道理，也动了心思，他想既然自己已经入了几次干股，也分了不少钱，再弄几笔钱之后主动让出董事长位置也是一个不错的办法，于是就满口答应了。

这一次，陈某的积极性给调动了起来，为了搞钱，他真的动了心思。几天之后，陈某将一批不合格的钼和钨细泥半成品卖给了自己的朋友严某，严某通过这笔生意赚了一大笔钱。陈某去汝城玩时，严某送给陈某10万元现金，以示感谢，陈某表面客气了几句便收下了。后来，陈某将这笔现金10万元交给妻子，刘某对陈某大加夸奖。陈某受到“表扬”后笑着“表白”：一切都听妻子的。这样，几天后，陈某“再接再厉”，又运作让几个熟人承包了矿里的尾矿，为此收下几笔感谢费。

2008年1月10日，承包商邹某拿到钨矿开掘权，为了感谢陈某，来到陈某家，打算为他存入100万元。刘某打电话给正地外地开会的陈某，请示陈某。陈某要邹某把钱打入弟弟陈某某的账户。邹某按陈某的要求，将100万元感谢费打入陈某某的账户。但是，等到陈某从外地开会回来的时候，却得知弟弟陈某某因涉嫌受贿被逮捕。2008年4月27日，刘某也被逮捕。检察机关经过内查外调，在掌握了大量的人证物证后于5月29日将陈某依法逮捕。

【简评】

一个人在公众面前、在他人面前都可以表现出很强的定力，但是在家庭、在亲情面前仍要坚守很强的定力却不是那么容易。因为，自己也是家庭的一员，看问题、办事情、做工作都会涉及本人的因素，难免或多或少掺入自己的私意、倾向或者偏见。这样，在对待他人的腐败问题时可能会斩钉截铁，予以坚决反对甚至严厉惩处，在对待自己的时候，也可能会坚决地采取措施，果决地远离腐败。但是如果家人、亲属央求其腐败，或者以其名义单独或共同实施腐败，这个时候他将很难超然事外，客观公正地予以处置，也就是说内心已经动摇了，定力不再强大。

陈某一案很能说明问题。陈某与刘某组成了一个幸福美满的小家庭，陈某虽然比妻子小5岁，但却很疼爱妻子，忠于家庭，追求事业。尽管刘某人到中年，红颜渐失，两人依然恩爱如初，共享甜蜜。然而，在丈夫当了董事长兼总经理之后，妻子却忽然感到婚姻存在危机，心里盘算起自己的小算盘，悄悄开始准备私房钱。为此，她不断劝说甚至迫使丈夫关照他人承包开采尾矿，自己从中收钱。陈某拗不过妻子，俯首听命，与妻子配合腐败，结果双双落入法网。

陈某坚信“爱拼才会赢”，他喜欢拼，也拼过赢过。他通过努力工作，严格要求自己，确实干出一番事业。但终究他还是输掉了，而且输得很惨。之所以如此，主要是由于他在成功之时没有坚定地坚持原则、底线，经不住母亲、爱人、弟弟的劝导和开发商的围攻、诱惑，在矿山残矿作业生产管理和物品销售中败下阵来，利用外包残矿作业挡头的机会为己谋利，为亲属谋财，导致严重违纪违法。他的所作所为不仅使自己输掉了事业，而且输掉了人生。在忏悔中，他将自己失败的原因归结为3条，即思想出了问题，不能正确把握好权力与亲情关系；亲情高于权力；居功自傲。

交通厅长的“腐败之家”

——河北省交通厅原副厅长张某受贿案

2006年1月，河北省景县人民法院对河北省交通厅原副厅长张某受贿案作出一审判决，以张某犯受贿罪判处其有期徒刑十四年，剥夺政治权利三年。张某妻子张某某、其子张小某均犯受贿罪，分别被判刑十二年和七年。

张某利用职务便利，通过其子张小某，先后收受路桥集团国际建设股份有限公司河北工程部经理陈某等3人所送人民币共计154万元、股金16万元，为其在承揽青银高速公路工程、高速公路信息管理中心和联网收费项目中谋利。张某利用职务便利，直接或通过其妻张某某，收受省交通规划设计院院长刘某等8人所送人民币共计8.3万元、美金1000元及5000元购物卡。收受贿赂合计人民币162.3万元、股金16万元、美金1000元及5000元购物卡。

桥梁事故牵出一家子腐败案

2004年11月，石黄高速公路一座在建桥梁出现严重责任事故，河北省交通厅处长王某负责这个项目，因涉嫌失职罪被刑事拘留。办案人员顺藤摸瓜，很快发现河北省高速公路管理局局长宋某涉嫌严重受贿。2005年春节前，宋某被刑事拘留，办案人员从宋某身上搜出5个别人送给的信封，每个信封里都有1张不少于1万元的购物卡。宋某交代自己在“青银高速”河北段项目中先后收受50万元贿赂，此外还帮行贿人送给一个叫张小某的人20万元。经查，张小某是河北省交通厅副厅长张某的儿子。办案人员经对张小某的全面审查，发现这个从俄罗斯留学回国后没有固定工作和收入的人在北京的花销很大。随着调查的逐步深入，张某的受贿犯罪线索也随之显现。春节前，专案组决定立刻采取行动。2005年2月4日，河北省交通厅副厅长张某被调查，2月6日张某被刑事拘留，与此同时，其子张小某也因涉嫌犯罪被拘留。2月18日张某因涉嫌受贿被逮捕。2月21日，张某妻子张某某——这位张家掌管全家财产的当家人因涉嫌受贿被拘留，3月7日被逮捕。至此，张家一家三口在不到一个月的时间里相继落入法网。经过十分艰巨的审讯，配合调查取证，本案迅速、全面告破。

办案人员依法对张家进行了搜查。张某在石家庄的家，看起来和普通的干部的家没什么两样，然而当办案人员搬开靠在墙角的暖气片时，一个暗道露了出来。刚开始在暗道中，办案人员并没有发现什么，但是经过细致观察，却发现暗道周边的墙壁都是空的，办案人员试探着用工具敲开墙壁，从墙壁露出的大洞中掏出一个用透明胶包裹严实的牛皮纸包，剥开层层透明胶带，牛皮纸袋露了出来。撕开牛皮纸袋，一堆东西呈现在大家面前：主要是各式各样的黄金、白金首饰，有20多条金项链、20多个金戒指，另外还有6张银行存单。

儿子“啃老”靠父亲权力敛财

张某，男，汉族，河北省迁安市人，大学文化。早年毕业于河北省交通管理学校，一直在省交通系统工作。曾任河北省交通厅高速公路管理局副局长、公路管理局局长。由于张某精通业务，踏实肯干，业绩突出，后来升任省交通厅副厅长，主管全省高速公路建设。交通厅职责重大而又容易发生权钱交易，张某长期以来一直谨小慎微。但是，最终还是没能抵挡诱惑，滑向腐败深渊。

张某之所以腐败固然有个人原因，但更多的是为了儿子。从判决结果来看，虽然张某以往本人也有腐败，但相对较轻，主要是利用职务便利，直接或通过其妻张某某收受本省交通系统下属等 8 人的礼金共计 8.3 万元、美金 1000 元及 5000 元购物卡。张某的主要腐败问题是因儿子而起。张某的儿子张小某读完大学后曾经赴俄罗斯留过两年学，但是留学回国后，就业问题一直高不成低不就，没有很好解决。好在父母都有一定地位，他还能有所依靠，能够仰仗父亲的职权和影响挣些小钱，并时常受到母亲呵护、接济，过着舒服的生活。他长期在北京和过去的同学们混在一起，日子也算过得逍遥。

2002 年，河北省交通厅打算投资 8700 万元建设高速公路信息管理中心和联网收费项目，张某担任组长。北京亚邦伟业技术有限公司总经理党某和北京某技术有限公司总经理秦某，得知这一项目的信息后，二人便想参加投标。为参与这个项目，二人分别协调与中铁电气化局集团有限公司和沈阳东软软件股份有限公司组成联合体进行投标，并决定由党某、秦某运作投标事宜。为得到张某的帮助，党某、秦某经人引见认识了张小某。张小某得知二人在承揽工程上有求于自己，认为有暴利可图，便答应帮忙，全力以赴促成此事。但是2002年10月10日联网收费项目开标时，中铁、东软联合体仅仅名列第二。要想中标，就必须摆脱第二名的不利局面。在开标后的一天晚上，张小某领党某、秦某到了自己家中请求张某帮忙，党某、秦某向张某承诺事成之后必将重谢。对于儿子引荐来的朋友，父亲自然知道来意，当即表示从机动的技术分中予以考虑，尽力促成。经张某直接“关心”，党某、秦某等组成的联合体顺利中标。事成之后，党某和秦某将100万元好处费分两次送给了张小某，并特意嘱咐要将其中20万元送给他的父亲张某。不久，张某到北京开会，儿子把收钱的事对父亲讲了，张某淡淡地说了一句：“给我的20万元先放你那儿吧。”

为爱子深陷腐败旋涡

商人对利益的追求是天生的，大多数人都会将利益最大化定为努力的目标。党某的公司顺利中标河北省交通厅联网收费项目，已经得到巨大利益，但是并不满足。为了获取更大利润，他们没过多久就又一次找到了张小某，和他商量用党某代理的产品替代合同所定使用的美国产品。在合同执行过程中变更合同是件很棘手的事情，尤其是重要变更，在正常情况下很难办得到，往往需要不断斡旋、反复协商才能成功。在上次成功合作的基础上，党某开门见山提出了意见，张小某很快就应承下来。这一次，他多了个心眼，因为担心父亲不同意，所以先去找更加疼爱儿子的母亲张某某，然后再接洽父亲。由于妻子和儿子都赞同，张某想了想之后便放弃了原则，在亲情面前低下了头。经过张某与主管此事的省交通厅通讯局负责人沟通、协调，合同内容很快得到变更，党某借此机会又大赚一笔。事后，党某通过张小某送给张某50万元。

2003年1月，青银高速公路第十一合同段面向社会公开招标，中国路桥集团国际建设股份有限公司河北工程部参与竞标。为了能在青银高速公路工程中顺利中标，工程部经理陈某通过关系找到省交通厅高速公路管理局局长宋某。但是，宋某明确告诉陈某，这件事没张某的表态和支持肯定不行。陈某于是拿来40万元，给了宋某20万元，让他从中协调，另外20万元准备给张某。但是陈某与张某不太熟悉，在给张某送钱时遇到了麻烦，被张某婉言谢绝。一筹莫展的陈某再次找到宋某，请教“良策”。宋某立即告诉陈某说，既然张某那儿去不了，那么就让他的儿子把钱拿回去。于是，宋某拨通张小某的电话，让他赶紧开车到河北宾馆，宋某将那20万元现金交给了张小某，让他回去交给张某，并转告张某快过年了，是308（青银高速公路）给的钱。张小某当天就把钱交给张某，并说明了情况。事情过后没多久，张某便问宋某中国路桥有没有希望中标，让他多照顾一下。接下来，在宋某的运作下，陈某如愿中标。

妻子贪腐一点也不逊色

张某的妻子张某某是河北省交通勘察设计研究院原院长助

理、高级工程师，平日里给大家留下了很好的印象，被一直认为是勤奋敬业、朴实能干的女领导。到张某某因受贿被查之时，其单位的很多人都表示难以相信。其实，张某某虽然有着廉洁的表象，但她在腐败上一直也没“闲着”。

原国家冶金工业部勘查研究总院工程地质大队队长姓李，当年李某为了承揽京张、309 等高速公路的部分勘察工程，请求时任设计院办公室副主任的张某某帮忙，在张某某的协调下，李某顺利承揽了相关勘察工程，为此李某送给张某某 3 万元以示感谢，张某某心安理得地收下。铁道部第三勘察设计院石家庄办事处主任陈某某所在单位要承揽石港、宣大等高速公路部分勘察工程，也找张某某帮忙，在她的帮助下顺利揽到工程，陈某某为此送给张某某 15 万元。

张某某与同住一个楼的邻居比较熟悉。在京秦高速公路廊坊段香河站准备上马装修项目工程和石黄高速公路辅助工程之时，张某某的邻居想做这两个工程，找到张某某寻求帮助。张某某出面帮忙，时隔不到 2 个月，邻居如愿以偿拿到了工程。事后，邻居先后两次送给张某某共 7 万元，但是张某某觉得有些少，就让儿子又向邻居“借”了 1 万美元，才算了事。张某某升任河北省交通勘察设计院院长助理之后，地位和身份发生了变化，贪欲也“水涨船高”，这期间她利用作为院领导的特殊地位和身份，赤裸裸地向下属岩土处负责人孟某、于某索要钱财。作为下属，孟某、于某两人为避免日后工作中受刁难、出难堪，只好一次又一次给她送钱，从 2003 年至 2004 年下半年，张某某总共向孟某、于某索取贿赂 80 万元。

【简评】

这本来是一个令人十分羡慕、温暖幸福、知识型、技术型的三口之家。丈夫张某任省交通厅副厅长，精通业务，辛苦敬业了大半生。妻子是交通勘察设计研究院院长助理、高级工程师，朴实能干，口碑不错。儿子大学毕业后赴国外留学后在北京工作。但是一切都因腐败案发而改变，一家三口同时涉案落网，受到法律的严惩。这都是靠权敛财惹的祸。当然，腐败原因很多，其中一个重要方面是张某对儿子过于迁就，不仅没让他学会安命立身的本领，找到合适自己的工作岗位，结果只能“啃老”，依靠父亲母亲生活。加之对儿子溺爱，放任儿子利用自己的权力赚钱，结果也将自己拖下腐败深渊，无法自拔。原本是为了让家庭获得幸福生活的钱财，然而却因这些钱财失去了自由、温暖和幸福。此案警示各级领导干部必须牢记宗旨，正确对待权力和利益，真正为孩子的根本和长远着想，千万不可利用职权为子女谋财赚钱，否则难免前功尽弃，毁了家庭，害了自己，误了孩子。

从“夫唱妇和”到“夫逃妇随”

——海南省海口市燃气集团原总经理符某受贿案

经海口市秀英区人民检察院提起公诉，秀英区人民法院以受贿罪判处海南省海口市燃气集团原总经理符某有期徒刑七年，判处其妻何某有期徒刑三年，缓刑五年。

“夫唱妇和”受贿百万元

符某是三口之家，夫妻均为国企领导，女儿在读大学。符某于1958年出生于海南省文昌市，在职研究生学历。由于他勤劳能干，思路清晰，成绩出色，2000年10月被海口市国有资产管理委员会聘为原海口市煤气管理总公司（现海口市燃气集团）总经理。他的妻子何某1959年出生于广东，任海口共速达运输服务有限公司办公室副主任。两人收入丰厚，家境殷实，本是一个令人羡慕的幸福家庭，然而由于两人索要他人钱财炒房，一家人的命运就此改变，备受劫难。

2002年的海南，房地产市场如日中天。兴旺发达的房地产业吸引了来自全国各地的大批投资者，符某夫妇也加入“炒房”大军，跟风“炒房”。他们到处看楼盘，后来相中了海口金贸中路1号半山花园小区，经过全面评价和综合考虑，决定在这个小区买套房子。不过，由于缺少资金，两人闷闷不乐，绞尽脑汁也没能想出好办法。后来，还是妻子何某脑子比较“灵活”，终于想出了“点子”。原来，“聪明”的何某打起了丈夫符某的主意，想借用符某作为国企领导掌管项目和支配资金的职权去弄些钱。有天晚上，她趁符某心情不错时做起了“思想工作”，问符某为什么不找他长期关照的宁龙公司蒋总帮个忙，说白了就是要利用购房机会找宁龙公司蒋总要点钱。符某听了妻子的话后沉默了很长一会儿，想了又想，最后认可了这个办法。

于是，符某约宁龙公司老总蒋某喝茶，在喝茶之时向蒋某提出自己想买半山花园小区的房子需 50 万元。蒋某是个“明白人”，一听就知道符某是什么意思，当即表示由他帮符某支付 50 万元，并让符某提供一个账户。符某把这件事告诉了妻子何某，让何某与蒋某具体联系办理。何某一看买房的钱有了着落，自然十分高兴，很快就与蒋某取得联系，商量打款事宜。2002 年 11 月 18 日，蒋某向何某提供的账户转入 50 万元。

2003 年下半年，符某、何某两人又在海口市滨海大道紫荆信息公寓买了一套房产。2004 年上半年，两人准备装修这套房子的时候又想起蒋某。符某就请蒋某帮忙参谋装修一事，蒋某心里当然明白，为了双方合作项目能顺利进行，主动提出为这套房子进行设计装修。符某就安排何某与蒋某一同商量装修事宜。接下来，蒋某以宁龙公司名义与港天利装修工程有限公司签订装修合同，委托该公司按何某的要求装修那套房子。在装修工程完工后，蒋某通过转账、付现方式陆续向港天利装修工程有限公司支付了装修款 30.6 万余元。

蒋某是商人，他知道自己花钱帮符某买房子、搞装修的“商业”价值。世上没有白帮的忙，正是由于这方面的付出，蒋某的宁龙公司与海口市煤气管理总公司合作开发的房地产等项目合作十分顺利，在项目审批和资金使用上符某更是一路放行，给足了蒋某方便。

另据调查，2005 年至 2008 年的 4 年间，时任海口市煤气管理总公司总经理的符某平均每年出国考察一次，每次出国考察前，蒋某都会十分热情地去看望他，送给他美元 5000 元，4 年累计送给符某美元 2 万元。根据蒋某的交代，他送钱给符某也是为了得到符某对双方合作项目的支持和帮助。

“夫逃妇随”两年有余

符某本以为利用职权收受贿赂之事无他人知晓，然而事情并不以他的意志为转移。2008 年初，有人举报称，海口市煤气管理总公司存在严重经济问题。检察机关根据举报成立专案组，调查发现这家公司资金使用确实混乱，案件涉及与该公司共同开发房产项目的宁龙公司。3 月，又有人检举海口市煤气管理总公司原总经理符某“夫唱妇和”，收受房产公司百万元炒房、搞装修，符某随即进入检察院监督视线之内。

3 月 26 日，宁龙公司法人代表蒋某被依法传讯。据蒋某交代，他在与海口市煤气管理总公司项目合作过程中，曾以公司名义向海口市煤气管理总公司的多名“高管”行贿，行贿个人最高金额逾百万。3 月 27 日，符某得知蒋某被检察机关带走调查，感觉已东窗事发，案情重大，所以坐立不安，十分紧张，于是向国资委请假以出差为名，携带 3 万元现金匆匆乘船逃离海南。他原本准备去上海帮女儿联系上学事宜，但符某怕坐飞机有安检被抓，为了躲避追捕，最终改道广州，偷偷坐船逃离海南，到海安港口乘大巴抵达广州，然后便和家人切断了一切联系。

逃到广州后，符某独自过着流浪生活，日子非常艰难。当时只带着3万元，只好在广州城郊地区低调隐居。由于不敢租房，他只能住在管理不正规的小旅店里，这样比较便宜，一个晚上也只需50元左右，而且省去登记身份带来的麻烦。由于担心被抓，他夜里睡不安稳，就怕有人敲门，也不敢上互联网查询有关案情和相关信息。为了便于及时逃跑，符某把行李摆放在旅馆房间的门口处。由于精神状态很差，又长时间出门在外，身体十分不适，他看起来像个老头子，没有精神。随着时间的流逝，他感到压力越来越大，一个多月后他病倒了，有些精神恍惚。当时，符某连死的想法都有了，好几次写好了遗书。在迫不得已之下，符某用另外的手机给妻子何某发出一条短信。何某在女儿初次报考研究生失利之后去了北京，在北京时接到丈夫的短信。

2008年5月，牵挂丈夫健康的何某急急忙忙赶到广州，几经周折找到丈夫，带着身体不佳的丈夫到医院里用假名做了全面体检，但是却查不出什么病因。符某在查不出病因的情况下，失语半年多。幸亏妻子的细心照料，经过半年多的调理，符某又能开口说话了。随后，他们继续一块过起逃亡生活。两人无奈选择了在城乡接合部租间房子住，他们每天早出晚归，白天不在屋里待，因为害怕有人上门检查，晚上更是提心吊胆，十分害怕半夜有人敲门。在之后的两年多时间，符某患上了严重的抑郁症，夫妇俩曾多次萌生过投案自首的念头，但却一直不敢面对现实。

在逃离海南之后符某没有打过一个电话，连家中将近80岁的老母，他也没有打过一次问候的电话。符某的母亲只好与儿媳何某通话，在电话里多次规劝他们，“回来面对现实吧，回来我们还能见上一面”。2010年上半年，符某、何某通过媒体了解到海口市城建系统窝案中除了他们夫妻俩在逃，其余案犯全都归案。在这种情况下，夫妻两人一起陷于深思当中，经过再三考虑，更是在家人亲情的召唤下，在法律的威慑下，两人决定回去自首。2010年6月28日，符某夫妻在潜逃广东27个月后，一起来到海口市秀英区检察院投案自首，如实供述了本案中非法收受他人贿赂的事实，并主动上缴赃款80余万元。

不知法律害人深重

2011年10月12日，海南省海口市秀英区人民法院对海口市燃气集团原总经理符某及妻子何某受贿案一审作出判决。至此，曾经轰动全国的海南省海口市城建系统职务犯罪系列窝案涉案人员共28人全部受到法律制裁。在海口市城建系统窝案查办过程中，检察机关通过蒋某行贿符某夫妻一事调查打开缺口，经过两年多时间，针对海口市规划、财政、商务、国土、银行、房地产、运输公司等多个部门和企业进行全面调查，共查办案件25件、涉案人28人，其中处级干部8人，涉案数额百万元以上的9人。经过起诉，海口市规划局原副局长姚某、陈某、张某，海口市商务局原局长王某等人均因受贿罪获刑。

符某夫妇受到法律的制裁，但是在逃亡之时他们没有太多考虑犯罪的事情，直到法庭审判之时才找到了共同原因，两人都怪自己法律意识淡薄。符某讲，由于缺乏基本法律知识，所以将妻子牵扯进来，对此他感到非常后悔。符某坦陈，自从担任公司实职、掌握了实权之后，主动与他来往的同学、朋友多了起来，主动与他攀附交往的企业老板也逐渐多了起来。他与宁龙公司蒋某十分要好，两人十分亲密。在交往中，符某存在不少认识错误，他认为老板给自己钱只是帮自己小忙，他以为炒房、装修房，用关系单位老总的钱没有什么大不了，他根本没想到这种行为是受贿，已经涉嫌犯罪。符某的妻子何某也有完全相似的想法，她在丈夫当时告诉自己那笔钱是为家里买房用的时候，根本没有想到是受贿，所以她后来一直责怪自己法律意识太淡薄。

思想决定行动，符某夫妇两人缺乏基本法律知识，不知道什么是腐败，也分不清违法的界限，还产生了错误认识。正是在“炒炒房、装修房用关系单位的钱，没什么大不了”的思想支配下，符某夫妇捞钱欲望渐渐滋长，将自己一步步送进了腐败深渊！本想赚钱改善生活，享受家庭幸福，却换来了法律的惩罚。

【简评】

应当讲，符某和妻子何某是一对感情至深的患难夫妻。两人既能一起享受幸福，共度美满生活，也能一起吃苦，相互扶持，共渡难关。但是，两人作为国企领导干部的表现却不能让人满意。他们既缺乏基本的职业道德和法律知识，又没有坚定的廉洁从业理念。为满足私欲，两人一起陷入腐败深渊。其中，作为妻子的何某在背后的推动自然“功不可没”，但是符某作为家庭的“主心骨”和国有企业的经营者、管理者，没有表现出应有的清醒，没有展现出足够的定力，经受不住妻子几句劝说就欣然同意靠权敛财，充分暴露出这位国企领导的致命弱点。其实，法律意识淡薄仅仅是一个方面，只是一个表面问题，深层的、根本的原因还是廉洁意识不强。贪欲是个魔鬼，一旦被贪欲俘虏、驱使，领导干部就会身不由己、心怀侥幸，以这种或那种理由为自己开脱，放任自己通过权力追求所谓的富足、体面和幸福的生活。由于没有坚定信念和强大定力，这些人很容易堕入腐败。在这种情况下，出事是必然的，今天不出事，明天会出事，这件事上不出事，那件事上也会出事。只有洁身自好、两袖清风，严守廉洁从业的规定，才不会违纪违法。而且，不管何种形式的贪污腐败都换不来真正的、踏实的幸福与快乐，通过权力谋求家庭财富和家庭幸福难免事与愿违，到头来会失去已有的自由生活和家庭和睦，会打破原有的宁静心境和温馨环境，最终带来人生悲剧和耻辱。

符某与妻子共谋腐败，为避法律惩处，一起潜逃，过着人不人、鬼不鬼，吃不好、睡不安、飘忽不定的日子，他们的切身经历和人生悲剧充分证明了腐败对家庭幸福的巨大破坏，每念及此，难免让人心生哀怜，令人深思、警醒。

小官大贪的腐败之家

——陕西省渭南市城乡建设局建筑业管理科原科长侯某腐败案

2014 年 1 月 17 日，陕西省咸阳市中级人民法院对陕西省渭南市城乡建设局建筑业管理科原科长侯某受贿罪、巨额财产来源不明罪一案公开宣判。侯某因犯受贿罪、巨额财产来源不明罪，被判处死刑，缓期两年执行，并处没收个人全部财产，剥夺政治权利终身。扣押、冻结的赃款、赃物依法没收上缴国库。

2013 年 9 月 11 日，陕西省渭南市中级人民法院一审以犯合同诈骗罪、串通投标罪判处侯某妻子曹某有期徒刑十七年，剥夺政治权利三年，并处罚金 1500 万元。

2006 年 8 月至 2012 年 2 月，侯某在任渭南市城建局建管科科长期间，利用职务之便向陕西恒昌房地产开发有限公司等 46 家建设单位、施工企业索取贿赂共计人民币 2191 万余元。经查，2001 年 11 月 21 日侯某以他人名义注册成立渭南市祥和建筑技术咨询服务有限责任公司，由其本人实际控制，利用职务便利，以“担保、咨询服务”为由，通过该公司向办理施工许可证的建设单位、施工企业索取钱财。期间，侯某让他人负责收钱开票，不做财务记账、不留底子，将通过祥和公司索取的所谓“担保、咨询服务费”转存至他人私人名下的银行账户或存折中据为己有。

2003年以来，曹某为揽取工程监理项目，在没有注册成立监理公司的情况下，冒用省内其他公司名义进行工程监理业务，安排韩某、张某等人参与洽谈或经办，签订监理合同124份，涉案金额3065.007万元，实际取得2060.917万元。

侯某虽然是个科长，但是权力不小，他与妻子曹某两人共同上演了一出贪腐大戏，作为丈夫，侯某利用职务之便大肆受贿；作为妻子，曹某借丈夫影响，垄断市场，大肆聚敛钱财。

穷孩子的“发财梦”

侯某1964年出生在澄城县农村，从小家境贫寒，日子十分艰苦。侯某像很多农村孩子一样靠知识改变命运，走出农村，经过努力考入西北建筑工程学院城镇规划专业学习。1985年，侯某毕业之后，一直在建设系统工作，先后任渭南地区建设（环保）局村镇科科员、副科长，渭南市建委建筑业管理科科长、渭南市住房和城乡建设局建筑业管理科科长。后来，他一直担任渭南市住建局建管科科长达10年之久。

像大多数出身贫寒的穷孩子一样，侯某最大、最直接的理想就是摆脱贫困。为了多赚些钱，改变自己家境贫寒的面貌，侯某参加工作之后尝试做过不少事情，如与人合伙经营打字复印部，做过铝合金门窗等生意，但都因为经营不善、收入微薄，草草收场。尽管如此，他内心的发财梦一直没有中断过。

2001年11月21日，侯某借他人名义注册了“渭南市祥和建筑技术咨询服务有限责任公司”。刚开始，他只是通过这个公司在建筑企业劳务资质认证、培训费等方面赚些小钱。这方面的生意不好做，公司开张之后没有什么业务可做，基本上只是微利经营。直到几年后他才找到赚钱的“好机遇”。2005 年 5 月 16 日，陕西省住建厅、财政厅等单位联合下发文件，要求公司、企业在建设主管部门发放施工许可证前要提供担保，整天沉湎于发财梦的侯某以他独特的“眼光”像发现新大陆一样看到了发财的希望。根据规定，银行、专业担保公司以及具有清偿能力的其他企业法人都可以作为担保人，侯某认为自己注册的祥和公司符合规定，是“具有清偿能力的其他企业法人”，可以按规定收取建筑企业担保费用。事实上，陕西省建设厅认定祥和公司开具的“担保合同”无效，但侯某仍以此作为谋求私利的幌子，四处招揽生意。

2006 年 6 月，一家房地产公司的经理找到侯某申请办理小区项目施工许可证，侯某便要求他先到祥和公司交纳担保、咨询费办理担保、咨询。这家房地产公司经理按要求交给祥和公司 3 万元，侯某便为他办理了施工许可证。

雁过拔毛　大小通吃

侯某虽然真正搞经营不行，但是动歪心思的本事还是有的。他总算找到一个简单的赚钱办法，就是通过权力由一家没有担保能力的公司违规收取担保费和咨询费。对于自己熟悉的建设单位，他会直接告诉单位到祥和公司交钱办担保，然后办理施工许可证。对于不熟悉的单位，他便以资料不全需补充资料为由要求公司到祥和公司交钱办证。时间一长，在渭南市形成了“到建管科办施工许可证要到祥和公司交钱”的“规矩”。

找到这条发财路确实不易，侯某抓住每一次机会，疯狂索贿，无论公司、企业，还是学校、医院、福利院，他一概不予放过，达到“雁过拔毛”的地步。2007 年初，一家房地产开发有限公司经理陈某找到侯某，为一房地产项目办理施工许可证，侯某要求陈某先给祥和公司缴纳担保、咨询费，让外甥女婿夏某收取费用。陈某向祥和公司转账 10 万元，侯某为其办了许可证。此后，陈某一共找侯某办理了 6 个楼盘项目的施工许可证，先后 5 次向祥和公司转账 316 万元。期间，祥和公司没有提供任何担保、咨询服务。除去代缴保险费 7 万元，侯某将 319 万元全部据为己有。2008 年 5 月，渭南学院根据侯某的要求，为办理学生公寓楼等项目的施工许可证，先后 2 次给祥和公司交了 5.3 万元。2009 年 5 月，渭南市某中学办理学生餐厅项目施工许可证，给祥和公司转款 2.3 万元。2011 年初，临渭区一家医院为顺利拿到医院建设项目施工许可证，交给祥和公司 3 万元。2009 年 7 月，渭南一家儿童福利院要开发康复综合楼项目，为办理施工许可证给祥和公司转款 5 万元。

这条发财之路本身是非法的，所以注定了不会长久，而且会出现麻烦，说不定哪一天就行不通了。2010 年渭南市城乡建设局更名为住房和城乡建设局，侯某马上打报告请求更换建管科印章，但是局里未同意。为了保住这条财路，他私刻了“渭南市住房和城乡建设局建筑业管理科专用章”，紧紧攥在手里。祥和公司从 2007 年至 2010 年 4 年间，未按规定年检，市工商局于 2011 年 5 月 12 日依法吊销了祥和公司的营业执照并予以公告，但侯某毫不在意，仍然用祥和公司为自己敛财。

本来，建设单位办理施工许可证需缴纳劳动统筹费和新型墙体材料专项基金，对于未缴纳费用的不得发放施工许可证。侯某为谋取私利，故意放松监管职责，只要建设单位向祥和公司交纳担保、咨询服务费，即使没有缴纳“两费”也发给施工许可证。2010 年、2011 年两年内，渭南市未缴“两费”金额近1 亿元，使国家遭受巨大的损失。

妻子参与　称霸市场

侯某的妻子曹某，1963 年生人，是渭南市工商局监察室科员。侯某与妻子曹某、外甥等在渭南市开办有建筑业协会、咨询担保公司、“监理公司”、混凝土搅拌公司等。2012 年，多家建筑企业联名反映渭南建筑领域有个怪现象，凡是建筑企业要办理建筑工程许可证，都要向“渭南市祥和建筑技术咨询服务有限责任公司”缴纳“咨询服务费”，数额从几万元到几十万元甚至上百万元不等。在房地产行情疲软、要勒紧裤腰带的时期，这笔费用对各公司、企业无疑是一个不小的负担。

有些时候侯某会给妻子曹某介绍项目，侯某通过“权威”高价接揽监理业务，由曹某承接，曹某借着丈夫在本地的影响，垄断市场。她在不具备资质的情况下先后成立监理公司、经纬混凝土公司。其中，经纬混凝土公司基本垄断了渭南的混凝土市场。渭南市共有 6 家混凝土公司，侯某利用职权将其他 5 家都检验为不合格，从而将这些公司全都排挤出了市场。曹某更是张扬，每次到工地接活之时总是盛气凌人，不仅向别人亮出丈夫的身份以壮自己的威风，而且四处向人家夸耀自己丈夫的关系网，讲渭南市大小活她都要干……在大约10年时间里，渭南市80%以上的建筑监理工程都落入他们手中。

曹某知道公司无履行合同能力，为获取监理费用，就冒用其他有资质公司的名义，以欺骗手段与他人签订合同，而且数额特别巨大。曹某为揽到渭南市中心医院等项目的工程监理，在投标过程中借用多家公司资质，操控投标，串通投标。如：渭南市中心医院监理项目，她借用4家公司资质投标；渭南市职业技术学院新校区监理项目，她借用5家公司资质投标；渭南市体育中心一场两馆监理项目，她借用6家公司资质投标；渭南市第一医院门诊综合楼监理项目，她借用3家公司资质投标；渭南市博物馆监理项目，她借用5家公司资质投标。这些项目，曹某控制的公司均获得中标。所以，她的生意一直比较红火，最多的时候，有200多个监理师为她工作。为了便于签订合同，方便盖章及领取监理费用，曹某还安排人员私刻了其他公司的印章。

夫妻两人先后落马

随着赚到的钱越来越多，侯某变得越来越谨慎。他要求收钱开票的人不做财务记账、不留底根，他将通过祥和公司索取的款项先行转至姐夫杜某、外甥女婿夏某等人名下的银行账户，然后再据为己有。

2012年3月，国内数家网络媒体以“渭南亿元建设规划费流失，施工许可证遭‘潜规则’”为题曝光相关问题。中央纪委、陕西省纪委监察厅也接到有关群众的实名举报。省纪委监察厅、省检察院、省住建厅等都对此高度重视，联合组织进行调查。3月15日晚，侯某上网浏览新闻时发现了渭南建设规划费流失的报道，吓出了一身冷汗，赶忙打电话与夏某商讨对策，随后找到中间人花了数十万元去删帖。可是今天删了这里，明天又从那里冒了出来……3月下旬的一天晚上，侯某授意夏某将祥和公司所有票据、印章、合同及电脑资料全部进行整理，装入了5个袋子，分两次拉到滨河大道南端焚烧销毁。

侯某还将其投资开发的渭双花苑项目建设40%的股份近2000万元转让给他人，伪造了几十份借款合同及借据，编造了大量资金均为借款，称他一次就借李某1800万元。但是事实上却恰恰相反，侯某给多人借出了大量现金，并将借据交亲属保管。侯某大量转移资金，在长安银行渭南解放支行就以杜某的名义开立了16个账户，存入大量现金。开始接受调查时，侯某百般狡辩，对以权谋私非法敛财的事实不以为然。

2012年4月9日，侯某被调查。6月21日，省检察院以涉嫌受贿罪决定逮捕侯某。2013年10月25日，侯某受贿、巨额财产来源不明案在咸阳市中级人民法院开庭审理，侯某当庭翻供，拒不认罪。但是法院基于大量证据，一审以侯某犯受贿罪、巨额财产来源不明罪，被判处其死刑，缓期两年执行，并处没收个人全部财产，剥夺政治权利终身。

曹某在丈夫被调查之后4个月被查处。2012年8月12日，曹某因涉嫌串通投标罪、伪造公司印章罪被警方控制，8月22日被批准逮捕。陕西省渭南市中级人民法院开庭审理了曹某、董某、张某等11人涉嫌合同诈骗、串通投标、私刻印章一案。2013年9

月 11 日，渭南市中级人民法院一审以犯合同诈骗罪、串通投标罪，被判处曹某有期徒刑十七年，剥夺政治权利三年，并处罚金 1500 万元。

【简评】

在本案中，作为三线城市的城建局科长，侯某通过成立技术咨询服务公司，利用职务上的便利，在短短 6 年时间内向企业索取钱财、非法敛财竟达 5000 余万元，其弄权、敛财程度可谓到了“极致”。探究其中的原因，主要有以下几方面：一是官职虽小权力很大。渭南市住房和城乡建设局建管科科长虽然只是科级，但实权不小，工程建设项目报建、施工许可证发放、工程竣工验收和建筑质量安全生产管理，全由他一个人说了算。二是热点岗位时间太长没有换岗，使其得以一步步做大。侯某在建管科岗位上长达 10 多年，形成了稳固的关系网络。三是监督缺失。侯某成立技术咨询服务公司，用正常业务经营掩盖大肆索取贿赂的事实，自以为得计，对此他毫无避讳，最后竟然到了“雁过拔毛”、大小通吃的地步。其实，他的做法十分简单，根本算不上很高明，基本上都是向人索要。然而，他在很长时间里没有被调查处理，充分说明监督的不力。四是很多企业因不得不与其打交道，要维持经营，或者急于拿证，往往忍气吞声，放弃维护权益，导致侯某得寸进尺，愈加放肆。

有人讲，一个贪官的背后往往站着一个贪婪的女人。此话在本案中得到了验证。“夫贵妻荣”“夫唱妇随”，不少领导干部的妻子便成了贪腐的“后院”，既能做到隐蔽又可以借此推卸责任。

本案中，侯某在工商局工作的妻子掺和他的腐败当中，与他一起依靠权力聚敛钱财。她利用丈夫的影响力，坑蒙拐骗，巧取豪夺，大肆串标围标，获益不菲。到这个时候，侯某本人在行政监管、行政执法中的个人腐败逐渐演化成为家庭腐败，这对夫妻成为基层小官腐败的典型。中央明文规定，领导干部及配偶、子女及其配偶不准违规经商办企业。侯某与妻子都是在职干部，却经商办企业，而且所办公司与职务有密不可分的关系，10 多年时间没人管束，相关部门难逃监督缺失之责。正是由于监督的缺位，助长了侯某利用权力大肆贪腐的嚣张气焰。像侯某这样的干部身处基层，其腐败行为直接影响企业生存与经营发展，扰乱了建设市场秩序，后果和危害非常严重。各级党委纪委必须高度重视，采取切实措施和有效行动，把全面从严治党压力传导到基层，清除群众最为痛恨的“小官大贪”“小蝇小贪”。

第三部分

悲情忏悔：愧对家庭

“辜负了组织的培养，对不起父母和妻儿”

——江苏省宿迁市宿豫区工商联原党组成员、副主席杨某的忏悔

2014 年 5 月 19 日，江苏省宿迁市宿城区人民法院一审以受贿罪、挪用公款罪数罪并罚，判处江苏省宿迁市宿豫区工商联原党组成员、副主席杨某有期徒刑九年零六个月。杨某不服一审判决，提起上诉。2014 年 9 月 12 日，宿迁市中级人民法院驳回杨某上诉，维持原判。经查，2009 年至 2011 年，杨某利用职务之便，在工程承建、工程款支付上为他人谋取利益，收受贿赂 12.4 万元。杨某还利用职务之便，挪用拆迁补偿款 190 万元给他人用于营利活动。

【忏悔选摘】

没有履职尽责

我原本也曾勤奋工作，努力进取。但由于放松了政治学习，没有严格要求自己，我一步一步地偏离人生坐标，如果不是组织及时拉我一把，我将越陷越深。

作为一名党员，我本该遵守党规党纪，时刻保持先锋模范带头作用，然而，我却忘记了入党时的宣誓，忘记了吃苦在前、享

乐在后，违反了廉洁自律规定。我就像“蛀虫”一样，在毁损和破坏我们党筑起的万里长城根基，严重破坏了党员在群众心目中的形象。

作为一名干部，尤其是农村基层领导干部，我本应该认真学习各项方针政策，关心关注农村的热点、难点问题，深入基层化解矛盾纠纷，破解突出问题，急农民所急，想农民所想，为百姓办实事，为党和组织排忧解难分担子。然而，我却利用手中的权力，与老板进行权钱交易，助长歪风邪气，严重破坏了党委和政府在群众心目中的形象。

作为一名人大代表，我本应该正确履行代表职责，行使代表权力，努力为人民服务。然而，我却背道而驰，为一己私利破坏群众利益，不但没有认真履行人大代表的监督权，甚至带头违反党规党纪，严重损害了人大代表的形象。

辜负了组织的培养

从一名高中生到一名本科学历的领导干部，从一名乡镇临时干部到一名正科职的人大主席，20 多年来，我一边拼命工作，想方设法作出成绩表现自己，让领导能够看到我；一边刻苦学习包装自己，让组织能够发现我。就这样，领导看到了我的成绩，给了我更多的锻炼机会；组织发现了我的刻苦用功，给了我更多的岗位和位置去展现自己。

但慢慢地，我被成绩冲昏了头脑，放松了对自己的要求，偏离了人生的轨道。在金钱面前，我没有经受住诱惑；在灯红酒绿的花花世界里，我迷失了方向；在利益面前，我成了拜金主义者。我慢慢地变了，越来越追求个人利益，由开始收受礼卡到收受现金，甚至挪用拆迁资金给个人注册公司使用，越陷越深不能自拔，最终犯下了严重的错误。

我辜负了组织对我的多年培养。组织送我出去学习，我却没有把所学的知识用于为民办实事、为百姓谋福利上，而是追求一己私利；组织给我发工资，让我衣食无忧，我却没有一门心思全身心投入到工作中去，而是错误地认为只有大把花钱才是真正的男人；组织给我岗位，给我权力，我却没有好好地利用手中的权力为百姓解决困难和问题，而是利用手中的权力进行权钱交易。

对不起父母和妻儿

作为儿子，我对不起母亲。母亲拖着多病的身体省吃俭用供我上学，让两个妹妹辍学回家干活。至今我都愧对我的两个妹妹。1986 年，我高中毕业到乡政府上班，让亲戚朋友和邻居刮目相看。1987 年，我结婚了，我和妻子都在乡政府上班，更让邻居和亲戚羡慕，母亲也深感欣慰。后来我考取了公务员，当上了领导，母亲常对我说要走正路，要听领导的话，要把工作做好。我是长子，也是兄妹四个中最有出息的一个，母亲一直以我为荣。然而，我却一时糊涂，走上了错误的路，这无异于在众人面前扇她的耳光。

作为父亲，我对不起儿子。儿子正在上大学，我本该是他成长道路上的一盏启明灯。他小时候我给他讲故事，总是把自己和故事里的英雄联系在一起，学校开家长会时他总是希望我能去参加，这样他在同学面前会有面子。儿子以我为骄傲、以我为自豪，我平时也鼓励他要好好学习，将来长大了要超越我。然而，我却一时财迷心窍，犯下了如此严重的错误，亲手磨灭了儿子的希望。

作为丈夫，我对不起妻子。从小学到中学，我们都是比着学习，结婚以后又在一起上班，生活上互相照顾，工作上互相勉励，共同进步。20多年来，我们从未红过脸、吵过嘴。她当上副镇长的时候，我还是一个普通的办事员。但她鼓励我、尊重我，后来我做了副镇长、镇人大主席，她做了工会主席。朋友们开玩笑说，你们家两个主席，多幸福。她常提醒我要严格要求自己，不要跟不三不四的人来往，可是我却没有做到。真是一失足成千古恨，一个原本幸福美满的家庭一下子被我毁得支离破碎。我愧对妻子，我在灵魂深处向她下跪，恳请她原谅。我祈祷上苍庇佑她，恳请上天惩罚我。

在此，我提醒同事和朋友们，一定要远离罪恶的金钱，要从生活中的点滴小事做起，严格要求自己。贪婪越大，贪念越旺，自己也将离家庭、亲情越远。金钱可以买到物质，却买不到自由，更买不到亲情。

【简评】

杨某的忏悔体现在三个方面：一是没有履职尽责。本该遵规守纪，发挥先锋模范带头作用，却忘记入党誓言，违反廉洁自律规定；本应关心关注农村问题，化解矛盾纠纷，为百姓办实事，为党和组织排忧解难，却用手中权力搞权钱交易；本应正确履职，为民服务，却为一己私利破坏群众利益，损害人大代表形象。二是辜负了组织培养。回顾人生，20 多年拼命工作，领导给机会，组织给岗位，有了地位和权力，却被冲昏头脑，放松对自己的要求，经不住诱惑，搞起了权钱交易。三是对不起父母和妻儿。母亲省吃俭用供他上学，两个妹妹辍学干活来成全他；母亲以他为荣，要他走正路，把工作做好，他却犯了错，让老人失望；儿子为他骄傲、自豪，他却财迷心窍，犯下错误，毁灭儿子心中希望；妻子常提醒他严格要求自己，不能与不三不四的人来往，却没有起作用，结果幸福美满的家庭支离破碎。

作为党员、干部、人大代表，杨某十分清楚职责所在，但却没有尽职尽责，辜负了组织培养，对不起父母和妻儿。这三个方面实际上是紧密关联的。不能尽职尽责，又抵抗不住诱惑，必然会导致腐败。组织培养是个人成长的阶梯，党和国家培养干部付出太多、成本很大，每名干部都应深刻体会，应对组织有感恩之心。父母妻儿的支持是个人成长的基础，每名干部都应充满感激之情。由于腐败导致悲剧，杨某忏悔不已。他在愧疚之余，也发现了很多实在浅显的道理，为此提醒同事和朋友，“金钱可以买到物质，却买不到自由，更买不到亲情”。贪婪渎职必将失去自由，腐败泯灭亲情，辜负家人，广大干部应当从中有所启发。

“现在想起来，我对不起与我相濡以沫的妻子”

——江苏省淮安清浦区城市改造建设投资有限公司原董事长李某的忏悔

2014年2月27日，淮安市中级人民法院终审判处江苏省淮安市清浦区城市改造建设投资有限公司原董事长李某有期徒刑十三年零六个月，并处没收财产人民币60万元。2003年至2008年，李某在担任淮安市城市资产经营有限公司经营处办事员、副处长、处长期间，利用职务之便，非法收受贿赂共计人民币350余万元。

【忏悔选摘】

我自幼家境贫困。我上中学时，父亲重病身故，家中债台高筑，生活极其困苦。我利用假期做过小生意，当过搬运工，这些培养了我不怕苦、不怕累的坚强性格，激发了我积极向上、敢于拼搏的不服输精神，也让我逐渐形成了对金钱强烈追求的欲望。

1989年师范学院毕业后，我以优异的成绩被破格留在市区工作。我当过教师，后又被聘任为某公司总经理办公室秘书。这期间，我目睹了一些微妙关系，深感有些权势的领导，要风得风要雨得雨。看到“官场变色龙”的一幕幕时我很是羡慕，似乎懂得了一点权力的威力，感觉做了官就会有权，有了权就不愁钱，我的价值观也随之发生了扭曲。2002 年，我考到淮安市城市建设指挥部办公室，从办事员一直做到了办公室主任。2003 年到 2005 年，我利用职权共收受某房地产咨询和评估公司送的拆迁评估好处费 8 笔共计 22.6 万元；2007 年至 2008 年，收受另一家房地产咨询和评估公司送的拆迁评估好处费共 2 笔 8 万元；某公司领导为感谢我在某工程项目上给予的帮助，送给我好处费 320 万元。

随着地位的不断变化，我对自己的要求放松了，私欲越来越膨胀，把金钱也看得越来越重。在与一些有钱的老板打交道时，他们出手大方、花钱如流水，让我的心理产生了极大的落差。我开始利用某些体制和机制上的漏洞，利用手中的裁量权为有求于我的公司办事，进而收受贿赂。

随着思想的蜕变以及对权力的觊觎，权力和金钱成了我罪恶的催化剂。我利用手中的权力为别人办事，把收受别人的好处费当作家常便饭，认为这样做是生意场上的交易行为，没有什么不对。

我第一次收钱时，还有点儿不好意思，有点儿半推半就。那时候，我觉得拿了人家的钱，人家回家肯定会跟家人讲，而我曾在对方家人手下工作过，会被瞧不起。然而，我把装钱的大信封还给她的时候，她慌了，转身又将大信封塞进我的包里。我假装生气地说：“你这样不好，老领导知道了，不是认为我李某做人很差劲吗?”她说：“这是生意场上的事，我不会对任何人讲，这也是我们评估行业的行规，你不必担心。”她的一番话打消了我的顾虑，我开始认为这种私下交易，天知地知你知我知，是安全的。我当时还想，如果她把送给我钱的事说出去，我会立即终止与她的合作，再把收的钱悉数退还给她。后来没有听到对我不利的话，再收钱我也就心安理得了。现在想起来，我怎么能把违纪违法收受别人钱财当成是生意场上的交易呢?

贪欲的闸门一打开就像洪水猛兽无法抵挡。所以，当某项目经理提出要给我320万元时，尽管当时我惊讶得有点不相信，说太多了，可那个项目经理很坚决。于是，我认为那真是天上掉下了一个“大馅饼”。收下那笔巨款后，我陷入了犯罪的深渊不能自拔。如今我明白了，天上绝不会“掉馅饼”。

由于我肆无忌惮地收受别人的钱物，让家庭每个成员都承受了巨大的痛苦，特别是对我母亲和妻子打击太大。母亲在我父亲去世后，含辛茹苦拉扯我们兄妹四人长大，她一直教育我们：要学会老实做人，诚实待人，干净做事，不损人利己，人穷不能志短等等。现在想起来，我真对不起她老人家当初的教诲。

再说妻子，她出生在城市，从小家境优越，嫁给我这个来自农村的穷小子，她一点儿也不嫌弃，而且和我母亲关系融洽。她也经常提醒我：“与开发商打交道，心里要有底线，不然你会心理失衡。”“我们不能收受人家的钱物，不求大富大贵，只求平安，老少幸福。”她还经常举一些事例给我听，我有时不愿听，甚至还嫌烦。现在想起来，我对不起与我相濡以沫的妻子。

在国外留学的女儿也常常打电话给我，让我不要忙得太辛苦，各方面要注意保重。并说，现在她可以打工了，会节约用钱的。想想豆蔻年华的孩子，远在千里之外，却这么懂事，这么善解人意。可这么一个幸福的家，却被我毁了。我靠自己勤奋拼搏干出的成绩，也在一念之间全没了。

深刻反思自己，回想从辉煌到堕落的轨迹，鲜活的事实告诉我，权力和金钱联姻，孕育的只能是良知的泯灭与罪恶的滋生。我从一个普通的办事员到正科级领导干部，手里有权后，以权敛财，利欲熏心，贪得无厌，不正应了这个规律吗？我走到今天这个地步，完全是咎由自取。我一定吸取教训，好好改造，争取早日回归自由人生，做点对社会有益的工作。

【简评】

俗话说，家有贤妻无祸事。通过社会调查可以发现一个普遍规律，就是丈夫成功的背后往往有贤妻支持，贤妻不仅能维持家计，提供丈夫安顿、歇息的家庭港湾，而且可以帮助丈夫成就事业，是谓“贤内助”。反之，妻子无德易招祸，妻子如果无德不仅导致家庭不宁，而且会拖累丈夫，让丈夫无心做事，甚至惹起祸端，招致祸患。在廉政问题上也类似，家有贤妻往往家庭廉洁、健康、和谐，妻子即为“廉内助”。如果妻子贪婪，不能自我节制，丈夫又定力较差，那么两人很容易形成共同的价值追求，为了腐败目标而“奋斗”，结果造成腐败家庭，妻子即成为“贪内助”。

对李某来讲，妻子是他心中最贤惠的女人。尽管生于城市，家境优越，但妻子却没有嫌他穷，而是真心对他，与家人关系融洽，相安相乐。更为重要的是，妻子不断劝诫他要保持廉洁，尽其所能发挥家庭“廉内助”作用，经常提醒他在与商人交往时要守住底线，避免心理失衡而收人钱财，不求大富贵，但求人生平安，生活幸福。遗憾的是，他心思不正，不愿听妻劝诫，甚至感到厌烦。由于不听贤妻劝，他一意孤行，以至身陷腐败深渊，只能整日与铁窗为伴。假如李某听进贤妻劝导，加强自我约束，或许会及时收手，不至于堕落到这等地步。等到他明白了贤妻用心良苦，已经为时过晚，所以每当念及贤妻之德，他便心生愧疚。不听贤妻劝，吃亏在眼前，李某忏悔的警示意义在于此。

“看着妻子满含泪水的眼睛，我的心好像被刀子在割一样”

——农业银行武汉市黄浦支行原行长杨某的忏悔

2009年1月13日，武汉市中级人民法院判处农业银行武汉市黄浦支行原行长杨某有期徒刑十三年零六个月。据调查，杨某在任职期间，利用职务之便受贿5万元，挪用公款2000万元。

【忏悔选摘】

我今年刚40岁，可以说是年富力强。作为一个银行行长，本来有着令人羡慕的工作，充满希望的前程，然而我却身陷囹圄。

回首过去，感慨万千，我常常想：自己是从哪一步开始滑坡，又是怎样跌倒的？

1992年我大学毕业，有幸到农业银行武汉市江岸支行工作。入行初期正逢农业银行的电算化改革，我义无反顾地投身其中。当时想法很单纯，自己年轻，又正好利用所学发挥所长。由于工作量大经常加班，我就干脆吃住在行里。回想起那段时光仍记忆犹新，繁忙、充实、成功、欣喜，在同事们的共同努力下，电算化改革取得圆满成功，我也因此受到领导和同事们的好评。

入行几年，我先后在多个岗位和部门工作过。经过不懈努力，五年后我走上了领导岗位。2000 年，组织安排我担任农业银行武汉市黄浦支行行长。

在同事们眼里，我是一个年轻优秀且拼劲十足的领导；在上级领导眼中，我是一个有能力有前途的人才。事业的成功，家庭的幸福，使我成为众人羡慕的对象，我在同龄人中也成为佼佼者。

位高了，权重了，我周围的人也多起来，吃请应接不暇，朋友的圈子也大多了。我的心也高了，气也傲了，对工作的态度却懈怠了，以往那股拼命工作的劲头没有了。

由于工作原因，我经常和一些企业老板来往，相比之下，自己相形见绌。记得有一次，我的一位小学同学请客，他原来家境不好，刚读完初中就顶职到工厂上班去了，后来下岗开了一家公司做钢材生意，现在居然千万身家。酒桌上，他红光满面，高谈阔论，一掷千金。相比之下，身为银行行长的我丝毫没有一点风头排场，气势完全落了下风。

后来，我常常想起那次宴请，说不出是反感还是羡慕，是酸楚还是嫉妒，总之是五味俱全。按理说，我和妻子都在金融部门工作，收入不算低，应该不缺钱，但看着别人戴的一块手表就抵得上我的全部积蓄，和他们比我差得太远了。于是，心理开始失衡，精神大厦开始动摇，人生观、价值观被自我否定。就是从那时起，我人生词典里衡量成功的尺度不再是敬业、政绩、口碑，而是金钱、排场、气派等等。

事物的发展变化都是潜移默化的。我也一样，面对一次次请吃与一回回送礼，内心慢慢发生了改变。以前坚持原则的我，开始找各种借口，美其名曰“打擦边球”，把本不该办的事办了，不能盖的章盖了。

那时候我也思考过，想起老领导的谆谆教导与父母亲语重心长的嘱咐，也有些害怕。一面是心理上的不平衡，一面是“良心发现”，我生活在矛盾之中。现在想起来，当时的自己就像那个掩耳盗铃的人，在自欺欺人。

2007年，我经朋友介绍结识了一个在北京搞房地产的人，在一次次高档宴请、游玩后，我们很快成为无话不谈的朋友。有一天，他随意拿出一个袋子递给我，说：“老杨，听说你最近手头紧，这是点小意思，我们有缘，好日子在后头……”我终于没有守住自己职业道德操守的底线，将一笔2000万元资金挪到他的公司。当时我还心存侥幸，认为自己做得天衣无缝，不会有事，不过三个月而已，下不为例。没想到，还是东窗事发了。正应了那句话——若想人不知，除非己莫为。

反思那个时候的我，就像是一个赌徒，渐渐将党纪国法抛在脑后，既心存侥幸又贪婪无比，慢慢地滑向犯罪的深渊。

人生几度辉煌，几度灿烂。我就像《渔夫和金鱼》故事里的老太婆，不断想索取更多，最终却一无所有。巨大的反差使我不敢面对现实。我曾经幻想奇迹出现，也曾想一死了之。但看着冰冷的铁窗，我不得不回到现实中来。

我到武昌监狱服刑后，妻子来看我，一直在哭，我不知该如何安慰她。想起她为了我的事业作出的牺牲，我愧疚万分。妻子也在银行工作，为了我，她承担了全部家务，既要孝敬父母，又要照顾孩子，从无怨言。我工作忙，应酬多，很少回家吃饭，特别是后来沉迷于麻将，更是很少关心她。有时我也过意不去，总是承诺闲下来多陪陪她，陪她出去旅游放松。现在，一切承诺都成空。

面对漫长的岁月，真不知她一个人如何度过，我不敢去想。看着妻子满含泪水的眼睛，我的心好像被刀子在割一样。妻子擦了擦泪，从身上掏出女儿的照片。望着女儿可爱的面容，我再也无法控制自己的情绪，眼泪模糊了我的双眼。我出事的时候，女儿才5岁，我曾答应她到北京去看天安门、看奥运会，而我却因为犯罪而入狱。当她得知自己曾经引以为豪的父亲因损害国家利益成为罪犯时，打击会有多大！而今家人都瞒着她，怕在她幼小的心灵上留下创伤。

“好好改造，你放心，我会把孩子培养成人，我和女儿等你回家……”妻子的安慰是真诚的，我也坚定地点了点头。

监狱接见日对大多数服刑人员来说是令人期盼的，而我却总是心事重重。每次看到父母日渐苍老的面容，我的心就充满自责。父母亲总是安慰我：“别担心家里，一切都好。”我知道他们是怕我坚持不住而垮掉。为了我，他们承受了难以想象的压力，不仅是在经济上，更是在精神上。望着父母相互搀扶远去的背影，我暗暗发誓好好改造，早日出狱尽自己的孝道。

在监狱改造中，我一直在反思自己。曾经身居高位，手握大权，而视法律为儿戏，最终使国家财产蒙受损失，我对得起谁呀？我是罪有应得啊！

人一旦把金钱看成上帝，它就会像魔鬼一样折磨你。当你手执“公器”却把它当成自己的酒杯时，在装进金钱酒色的同时，也把悲剧和眼泪一起装了进去。

亲人期盼的眼神时刻都在鞭策着我，我唯有真诚悔罪，踏实改造。为了他们，我要坚强地走下去。

【简评】

杨某从年富力强、令人羡慕、前程似锦的银行行长，沦为一个囚犯，经历了巨大的人生反转。就像《渔夫和金鱼》故事里的老太婆，从穷苦到富有，又从富有到一无所有，由于贪婪太多，索取太多，又回到零起点。回想自己的犯罪历程，杨某痛悔不已。因为一念之差，他的生活在很短时间内发生了倾覆性、从天上到地下的巨大变化，人生变化的强烈反差压得他难以承受，不敢直面，甚至想一死了之。最使他难过的是无法向父母、妻女交代，对他们感到深深的愧疚。每次看到父母日渐苍老的面容，就充满自责；看着妻子满含泪水的眼睛，心好像被刀割一般；想起女儿就生怕在她幼小的心灵留下创伤。亲人怕他坚持不住而垮掉，父母亲安慰他："别担心家里，一切都好。"妻子叮嘱他："好好改造，你放心，我会把孩子培养成人，我和女儿等你回家。"亲人的安慰和鼓励使他逐渐恢复了生活的勇气，坚定了对未来的期望。杨某暗暗发誓好好改造，早日出狱。一个人要扮演很多角色，为人子、为人夫、为人父，父母之恩须报、妻子之情当还、育女之责要尽。由于腐败犯罪他已经愧疚太多，欠得太多，他只有真诚悔罪，踏实改造，早日出狱，才能一一补上！

“我本有一个和谐幸福的家庭，由于我的犯罪而不复存在”

——河南省许昌市公路局坡胡超限站原党支部书记屈某的忏悔

2011年6月9日，河南省许昌市公路局坡胡超限站原党支部书记屈某因犯玩忽职守罪、贪污罪、受贿罪，被判处有期徒刑三年零六个月。经查，屈某在任职期间，利用职务之便对过往超限车辆应处罚不处罚，或处罚不到位，玩忽职守造成国家损失449万余元，贪污公款4万余元、受贿1万元。

【忏悔选摘】

站在你们面前，羞愧与自责一起涌上心头，我的心一阵阵战栗、揪痛。可惜法律无情，罪孽难消。那如烟的往事也一幕幕重现在我的眼前。

我原在公路部门工作，主管财务，手中握有一定的权力。2009年8月，我在为单位购买面包车时，接受了卖车方1.2万元。2010年单位准备租用装载机，我与机主私下约定：签订合同时，另外增加每吨2元卸车费的条款。增加了卸车费6万多元，我将其中的2万多元据为己有。2008年5月，单位在拍卖货物时，我接受了买主送的好处费 1 万元。

法网恢恢，疏而不漏。我受到了法律的制裁。我从一名党员干部，转眼间变成了一名阶下囚，昔日的荣耀荡然无存，事业、前途、自尊、自由在一夜之间统统失去了。我出事后，亲朋好友和同事们都感到震惊。当时，我受到的打击和痛苦，是无法用语言来形容的。

我多少次扪心自问，究竟是什么原因让自己走上了犯罪的道路。经过深刻反省和思考，我明白了这样一个道理：人的一切行为都是由思想支配的，犯罪也不例外。正如有句名言所说："构成罪恶根源的东西并非金钱，而是对金钱的爱。"导致我走向犯罪的根本原因，是主观方面，不是客观方面，是自己的世界观、人生观发生扭曲造成的。

经过剖析自己的人生历程，我清醒地认识到，自己之所以走上犯罪的道路，主要有以下原因：

我走上领导岗位后，随着荣誉的增加和权力的扩大，无形中放松了对自己的要求和积极进取的精神，逐渐放松了学习，放松了思想上的警惕。上级领导反复教育我一定要讲学习、讲政治、讲正气，我也一再表态坚决贯彻执行，但实际上都限于口头，流于形式。

在日常工作中，我对单位干部职工进行政治教育时都是从严要求，而对自己却放松了约束，不注重自我约束。久而久之，我认为政治教育是可有可无的事，抱着一种无所谓的态度。像我这种状态，精神上已经麻木，缺少追求的目标，迷失了人生的航向，滑向犯罪的深渊是必然的。

参加工作30年来，长期的顺境养成了我极度虚荣、爱面子的坏习惯。遇到问题，我总是遮遮掩掩，怕上级领导知道，试图大事化小、小事化了。我只顾及自己的名誉，怕丢人现眼、怕自己没有面子。比如，2008年5月，拍卖行在拍卖我单位货物时，发现买主故意少计重量，企图骗取国家资产。我知道后没有及时将此事向领导汇报，就是怕受批评，怕落埋怨。我如果当时不顾及自己的面子，立即向领导汇报，采取积极措施，就不至于犯罪了。

法律学习不够，法制观念淡薄。过去在职时，我很少参加单位组织的法律学习和警示教育活动。有时即使是参加了，心思也没有在上面，根本就没有听进去，都是图形式、走过场。如果我当时能够好好地学习，能听进去，能吸取别人的教训，并引以为戒，就不会出现今天的结果了。

直至现在栽了跟头，触犯了法律，我才如梦初醒，才真正感受到了法律的神圣和威严，才真正领悟了“木受绳则直，金就砺则利”的道理。可惜我醒悟得太晚了。

还有就是侥幸心理作祟。出事之前，我一直认为自己办事缜密，别人不会知道。2010年2月，与装载机主签订增加每吨2元卸车费条款时，我让车主每月把报销后的钱交给我。当时我潜意识里也觉得这样做是错误的，但由于心存侥幸，认为没有其他人知道这件事，把“要想人不知，除非己莫为”这句至理名言忘得一干二净。这种掩耳盗铃的愚蠢行为，怎能不导致我人生的悲剧！

现在，回过头来看看我所走过的这条路，教训是刻骨铭心的，造成的后果、危害是严重的。

我的所作所为给亲人带去了极大的伤害和痛苦。我本有一个和谐幸福的家庭，而现在家庭往日那种静谧幸福的生活，由于我的犯罪而不复存在。不仅对老人不能尽孝，对妻儿不能尽责，还要让他们牵挂。我深感自责，痛苦万分。造成这样的后果，只能怪我自己，没有按照党的要求去做，自毁前程，咎由自取。事到如今，我追悔莫及。

给自己造成的危害更是不言而喻的，我失去了自由，失去了自己大半生不懈奋斗的成果。想想我所走过的历程，不曾借助过什么，全是靠周围同事们的帮助、支持，靠自己一步一个脚印走过来的。得来不容易，失去更可惜。

自由如金，尊严珍贵，亲情无价，平安是福。此时此刻，我可能体会得比常人更深刻、更刻骨铭心。我讲这些，是想通过我这样的反面典型，给大家一些启示，希望大家警钟长鸣。

为了美好的人生，为了您和家人幸福，请多为自己的前途想想，为自己的亲人想想，时刻用法律约束好自己吧！管住自己的手，用好手中的权，珍惜来之不易的工作，切不可铤而走险，贪得无厌，心存侥幸，以身试法。

希望大家以我为戒，吸取我的教训，不让我的悲剧在你们身上重演。把握好现在，走好自己的人生道路！

【简评】

屈某在忏悔时，羞愧与自责一起涌上心头，感到一阵阵战栗、揪心之痛。由于腐败，他自毁前程，受到了法律制裁，昔日荣耀荡然无存，事业、前途、自尊、自由在一夜之间统统离他而去，教训是刻骨铭心的，后果和危害是十分严重的。由于没有自重、自律，他不仅失去了不懈奋斗的成果，而且失去了宝贵的自由，尤其是给亲人带去极大的伤害和痛苦。身为人子、人夫、人父，本应承担许多应尽责任和义务，但他却因腐败犯罪而无法尽孝尽责。本来静谧和谐幸福的家庭不复存在，既不能照顾老人，也不能扶持妻子、教育儿女，反倒要让他们为自己牵肠挂肚，担惊受怕。这个时候，屈某真正感到“自由如金，尊严珍贵，亲情无价，平安是福”。所以，他发自内心地规劝别人，为了美好人生，个人和家人幸福，“请多为自己的前途想想，为自己的亲人想想”。考虑到自由的重要，考虑到亲人的幸福，每个人都应当心存敬畏，敬畏法律，敬畏权力，时刻用规矩、纪律、法律约束自己，管住手、用好权，珍惜工作、珍惜生活、守住底线。

“贪念让我毁了自己，也毁了一个美好的家庭”

——湖南省常宁市财政局经济建设股原股长郭某的忏悔

2010年，湖南省衡阳市中级人民法院一审依法判处郭某有期徒刑十五年，剥夺政治权利三年，并处没收财产10万元。经查，郭某利用职务便利，将贪婪的“黑手”伸向国有资金，自2008年2月起，采用虚列项目、仿冒他人签字、骗取审批手续等手段贪污123万元。

【忏悔选摘】

我出生在湖南省常宁市官岭镇的一个小村庄，1986年6月中专毕业后，被分配到常宁市荫田区公所财税组工作，1989年3月调入常宁市财政局。参加工作之初，我虚心学习、积极肯干，多次被评为优秀党员，年年受到市政府嘉奖，在单位是领导信得过的业务骨干，在家里是妻子信得过的好丈夫。一路走来，随着工作岗位的变换，掌管的资金越来越多，与外界的接触越来越多，面对的诱惑也越来越多。尤其是看到有些企业老板目不识丁却腰缠万贯，过着纸醉金迷的生活，而自己掌管着这么多财政资金，却过着平庸的生活，相比之下，心理逐渐失衡。俗话说：“靠山吃山，靠水吃水。”我心想，这些企业老板还不是靠着当地的矿产资源发财吗？我作为财政部门重要岗位的一名公务员，何不利用手中的权力为自己谋利呢？自从萌生了这种想法以后，我一反常态，开始忙于各种交际应酬。对金钱和享乐的追求麻痹了我的心智，我的人生观和价值观发生了质变，最终走向了犯罪的深渊。

我从事财政工作多年，事业一帆风顺，家庭和睦温馨，父母以我为傲，妻儿以我为荣。在我心理逐渐失衡时，妻子有所察觉，曾反复劝诫：“你我都有工资收入，生活方面不成问题，我们不需要那些企业老板接济。你掌管那么多资金，我很担心你。”当时，我虽表面答应妻子不做违法的事，但最终却没有经得起诱惑，走上了犯罪的道路。贪念让我毁了自己，也毁了一个美好的家庭。

正所谓“天网恢恢，疏而不漏”。2009 年 2 月 26 日，我进了看守所。在接见室里，我见到了 80 多岁高龄的老父老母，尘满面，鬓如霜，沟壑纵横的脸上挂满了伤心的泪水。面对一年多未见的父母亲，我无言以对，直恨上天无梯、入地无缝。他们含辛茹苦把我抚养大，希望我飞得更高更远，而今我却进了囚牢。父亲隔着玻璃哀声道：“只希望你能早日回家，老了有儿子给端茶倒水，就是对我们最大的安慰。”此情此景，令我心如刀绞。泪眼蒙眬中我再也不敢回头去看他们，只能在心里无声地呼喊着父母妻儿。

我是一名公务员，工资、津贴加上养老保险、医疗保险等，足以保障一家人衣食无忧。而我，却一味地追求金钱和享乐，置国家和人民的利益于不顾，才落得今天这样的下场。我对不起党和人民的培养和信任，对不起含辛茹苦将我抚养大的父母亲，对不起反复劝诫我的妻子。80 多岁高龄的老父老母正需要儿女的慰藉以安享晚年，正在读大学和初中的一双儿女处于人生的关键时期，需要父亲的引导扶持，而我此时却深陷囹圄，对父母未尽孝道，对妻儿未尽义务。人生最大的悲哀莫过于失去自由，一失足成千古恨，我不值啊！现在，终于读懂了伊索的名言："有些人，因为贪婪想要得到更多的东西，却把现在拥有的也失掉了。"

往昔的我是愚昧的，愚昧得不惜以身试法，抛却了自由和尊严，换来了囚牢和耻辱。"莫伸手，伸手必被捉。"古往今来，贪婪的下场都是如此。尽管我犯下这么严重的错误，但党和政府仍以博大的胸怀向我伸出了挽救之手。高墙之内，我懂了法律的正义和神圣，懂了亲人的心碎和不弃，懂了人生的责任和希望。

【简评】

郭某尽管只是一名职级不高的基层干部，但是他的工资、津贴加上养老保险、医疗保险等，足以保障全家衣食无忧。不过他仍然像很多人一样无法摆脱人性的弱点，因妄想追求更多金钱和享乐而腐败，落得令人不齿的下场。到深陷囹圄之时，他才发现未尽孝道，未尽家庭义务，感到亏欠、愧疚太多，对不起组织上的培养和信任，也对不起父母、妻子和子女，因而十分痛苦，有上天无梯、入地无缝、心如刀绞的感觉。这时候，他才真正读懂了伊索的名言："有些人，因为贪婪想要得到更多的东西，却把现在拥有的也失掉了。"

内心贪婪是导致郭某腐败的主要原因，没能听进别人劝诫、及时改过则是另一个重要原因。郭某事业顺利，家庭和睦温馨，尤其是妻子贤惠，这本是难得的福分。妻子在他心理失衡时就有察觉，曾经反复劝诫他，讲家里不需那些企业老板接济。但是他没有听进心里去，虽然表面答应妻子不做违法的事情，但最终还是没有经得住诱惑。由于贪念过强，超过了妻子劝诫的影响，所以他只能固执地、惯性地滑向腐败。郭某在见识上不及妻子，在自律上输给了欲望，在人生路上必然地毁掉了自己。

“看着满头白发的父亲，只觉得有无数根钢针扎在我心里”

——贵州省习水县原副县长袁某的忏悔

2008年7月，贵州省习水县原副县长袁某被贵州省遵义市中级人民法院以受贿罪判处有期徒刑六年。经查，袁某从2004年下半年至2007年4月期间，利用职务之便，先后多次非法收受多家煤矿业主贿送的人民币共计35万元。

【忏悔选摘】

我因为在工作中利用职务之便，收受钱财30多万元，铸成了大错，在人生的道路上迷失了方向，误入了歧途。回想起犯罪之路，我悔恨不已。

2003年初，我当选为贵州省习水县政府副县长。习水县是一个产煤大县，煤炭是县级财政的重要支柱。县里非常重视煤炭产业，而我分管的正是工业经济、安全生产，因此和煤炭企业接触很多。在最初的两年里，我还能保持清醒的头脑，注意和煤炭企业老板保持距离。后来，随着权力的增加，来找的人多了，再加上我是土生土长的本地人，又在本地任职，不少煤炭企业老板利用我的亲戚、同学、朋友关系和我接触，使我放松了警惕，逐渐和他们热络起来。

其中有一个煤炭企业老板是我同学的哥哥，从小就认识，他在习水县有两家矿山和一家洗煤厂。我任副县长后，他便经常到我家里来坐坐，逐渐取得了我的信任。有一次，他说他的洗煤厂需要大量煤炭，我心想，提高煤炭洗选率是国家鼓励的，便出面帮他打了个招呼，使他顺利得到了他需要的煤炭。事后一年多，他带着儿子来我家，让孩子认我当干爹，然后说现在是一家人了，别分得那么清楚，以后我的事就是他的事，随即送给我 10 万块钱，我再三推脱不掉就收下了。

还有一个煤炭企业老板是我的同姓兄长，他在经营中遇到一些纠纷，我出面帮他调解处理过几次，后来他就经常请我吃饭，我也觉得和企业加强联系、为企业排忧解难是应该的，这样一来二去关系就拉近了。2006 年，他过生日的时候，正巧我知道了，便送了生日礼物，到我过生日时，他送了 2 万元当生日礼物，由于抹不开面子我也收下了。就是在这些别有用心的所谓“朋友”的引诱下，我一步步陷入权钱交易的“泥潭”。一开始我也想过回头，可是又一想：这些都是亲戚、朋友关系，是正常的亲情、友情往来，收点他们的钱应该没有问题。正是在这种自欺欺人的借口的“掩护”下，我一步一步就像走进了一个煤洞，越走越黑，越走越窄，终于没有了回头路。

2007 年，国家实施煤炭资源整合，这些不正常的关系自然逃不过上级和群众的眼睛。遵义市纪委多次找我谈话后，我如实向组织坦白了犯罪事实，同年被移交检察机关，2008 年 7 月被遵义市中级人民法院以受贿罪判处有期徒刑六年，落得了身败名裂的下场。

记得刚到看守所时，在昏暗的灯光下，我光着脚站在冰冷的水泥地上，一种悲凉的感觉从头浸到脚。往日的光环和荣誉从此逝去，铁门哐当一声把我和自由世界彻底隔离。在狱中，偶然想起“关山难越，谁悲失路之人”的句子，不禁潸然泪下，懊悔和无助充斥全身。

我的犯罪深深伤害了家人。案发时正是我妻子舌癌切除术后的观察期，得知我入狱，妻子五天五夜未眠，体重急降，病情反复。我女儿刚转到航天中学读初中，思想情绪波动很大，成绩一路下滑。2008 年的一天，已有 80 岁高龄的老父亲到监狱探视，说母亲长时间没有我的消息，急发脑梗死瘫痪在床，丧失了语言功能，说着便老泪纵横，哽咽不能成声。看着满头白发的父亲，只觉得有无数根钢针扎在我心里。

我是罪人啊！我走到这一步，给家人带来了巨大的伤害，给党抹了黑。我从一名受人尊敬的公仆沦为一个罪犯，个中痛苦和教训刻骨铭心。最悲哀的是迷失了方向，误入了歧途，对不起党和人民多年的教育和培养；最痛心的是失去了热爱的事业，失去了服务的资格，辜负了组织和领导的期望；最痛苦的是对不起父母、妻子和女儿，不能尽孝尽责，特别是母亲瘫痪在床，妻子身患癌症，女儿还年幼懵懂，而我却不能为家庭分担一丝忧愁。每到夜深人静的时候，不由自主地想起这些，辗转反侧，噬脐莫及！

到监狱服刑以后，曾经有一段时间，环境的巨大落差和身份的突然转变，使我情绪低落、思想波动，但对人生的憧憬最终使我下定决心积极投入改造。惨痛的教训让我浮躁的思想沉寂下来，得以去思考人生的真谛，去思考人活着是为什么、应该做什么。现在，我已不再是一个迷路的孩子，而是一个学生，重新在这所学校里学习，是一个病人，正在接受心理和身体上的治疗。

天网恢恢，疏而不漏。我的悲剧是自己造成的，痛苦和教训发人深省。我衷心希望所有党员干部引以为戒，牢记党的宗旨，珍惜人民赋予的权力，多为群众办实事、谋福祉。

【简评】

本案又是一例官员腐败犯罪后深感愧对家人的实例，读后让人感到悲哀。袁某对自己为煤老板帮忙而收受贿赂作了深刻反省，称自己是在别有用心的“朋友”引诱下，在“亲戚、朋友关系”、正常亲情、友情往来的遮掩下，一步步陷入权钱交易的泥潭。等到进了看守所，他光脚站在冰冷的水泥地，一下子从头凉到脚，往日的光环和荣誉不再，厚重的铁门生硬地将他与外界隔开，不觉潸然泪下、懊悔不已。当然，最让他愧疚、痛苦不堪的还是给家人带来的巨大伤害。妻子在舌癌切除术后的观察期，五天五夜不能入眠，病情反复；女儿思想情绪波动，成绩一路下滑；母亲长时间没有儿子消息，急发脑梗瘫痪在床，丧失语言功能；80 岁高龄的父亲满头白发，到监狱探视，老泪纵横，哽咽失声。他为此感到难过至极，仿佛有无数钢针扎向心里。想想这一切都是他腐败的后果，一人腐败让全家不得安宁，备受煎熬。在母亲瘫痪在床，妻子身患癌症，女儿年幼懵懂，最需帮助、照顾的时候，他却不能尽孝尽责，反让全家老少担惊受怕，增忧添愁。他为自己在关键时刻缺位而自责，为欠下家人太多而愧疚，为自己犯罪害己害人而后悔。当然，在没有腐败之前他并没有想到这么多，这一切全都发生在腐败之后，再多的想法也是徒然、无奈，在没有自由的情况下谈论什么都不切实际。廉洁是家庭平安的基石，平安是家庭幸福的屏障。如果领导干部真有心为家人考虑，那么就不应等到面对铁窗之后才责己，而应一开始就自觉加强廉洁自律，不去做触碰底线的事。像袁某这样即使有再好的心灵反思和精神安慰也都于事无补。后来者当心如明镜，吸取教训，莫蹈覆辙。

“我真是有愧于我的恩师，有愧于我的父亲”

——海南省海口市商务局原局长王某的忏悔

2009年1月，海南省海口市商务局原局长王某因犯受贿罪被法院判处有期徒刑十一年。经查，王某利用职务之便，在2006年收受海南某房地产开发有限公司副总裁送的2万元，2007年收受海南庆豪房地产开发有限公司总经理送的15万元，2008年5月收受海南金福隆房地产开发有限公司老总送的100万元。

【忏悔选摘】

我1963年出生在农村，由于家境贫寒，父母无法让五个小孩都读书。由于我小时好学、听话，因此得到父母的偏爱，全力支持我上学。在父母的严格要求和教诲下，我从小就追求进步，发奋读书，立志长大后能为国家、为社会作贡献，为父母争光。功夫不负有心人，十多年的寒窗苦读，我终于在1982年考上了华南师范大学，并在大学期间光荣地加入了中国共产党。由于品学兼优，1986年毕业分配到海南大学任教，1988年底又被选调到省直机关担任领导同志秘书，从此走上了令人羡慕的仕途，33岁那年就被提拔为正处级干部。从1998年起，先后担任过海口市新华区副区长，海口市委副秘书长，海口市国资委党委书记等职务，可以说是一路春风一路歌！平心而论，参加工作以后的绝大多数时间里，自己在不同的工作岗位上接受锻炼，经受住了考验，并且做了一些有益的工作。在廉洁自律方面，也从严要求自己，没有为自己或亲友谋取过什么好处。

可悲、可恨的是，正当春风得意之际，自己没有把握住人生航向，最终在金钱的诱惑面前败下阵来。2006年底，海南某公司欲与海口市国资委下属的海口市某公司合作开发一房地产项目，为取得海口市国资委的支持（我时任市国资委党委书记），海南某公司副总裁吴某在2006年底的一个晚上给我送了2万元人民币。说实话，当时接受“礼物”时我非常纳闷，因为她并没有求我办事，合作事宜还没有呈报市国资委，后来才知道她是为得到我对项目的支持才送钱给我的。这真是应验了“天上不会掉馅饼”这句话。拿到这笔钱后，起初我顾虑重重，担惊受怕，毕竟这是我第一次收受的一笔巨款啊！也曾想过退钱或者上缴相关部门。但是，几天过去了，一个月过去了，一切风平浪静。于是自己找了众多的理由来支持自己，这个钱是可以收的。比如“是他人自愿送的”，“是属于人情往来，与违法无关”，“也没有第三者知道”，等等。其实是自欺欺人！正是在贪欲的驱使下，加上侥幸心理作怪，法制观念淡薄，最终铤而走险，以身试法，后来收受他人的第二次、第三次钱就见怪不怪了。

回顾自己的人生道路，真是感慨万千，追悔莫及！由于对金钱的贪欲，我无视国家法律，利用职务便利，收受他人贿赂，使自己深陷囹圄，落得个身败名裂的下场。自己苦苦追求和为之奋斗的美好前程毁于一旦，更为严重的是，我背叛了入党时的誓言，败坏了党员领导干部在人民群众中的形象，对不起党组织和各级领导对我的关心和培养，对不起同事和人民群众对我的信任和支持。借此机会，我真诚地向他们表示歉意和谢罪！

一个人的犯罪，绝对不是他一个人所能承受的，伤害最大的莫过于亲人。案发后，我常常夜不能寐，总是陷入长长的思念之中。按照中国文化，人到中年看重两头：一头是父母，一头是小孩。我母亲已是七十有余，住在农村，是她的勤劳和善良把我们拉扯长大成人。记得过去一听说我要回乡下，她总是挂着笑容，早早就在门口等候着，那是幸福的等候。这次我东窗事发，可害苦了她，听说她三天三夜不吃不睡，常常一个人坐在树底下，给我祈祷。那是一种什么样的感受啊！说实话我现在最挂念的就是这个娘。而我最放心不下的是我可爱的儿子。我因晚婚，儿子才刚满三岁，雪上加霜的是，案发的前一天，因性格不合，我已和妻子办理了离婚手续，儿子的养育令人揪心啊！记得去年 10 月，儿子到看守所看望我时，他拿起电话对我说了一句“爸爸，我很想你”，真是撕心裂肺，叫我不知如何和他说下去。面对儿子，我有的只是悔恨的泪水。孩子会在磕磕绊绊中长大，也会有懂事的那一天，到那个时候，我不知如何面对缺少父爱的孩子！因我犯罪给家庭、亲人造成的伤害，是我今生今世最为痛悔且永远无法弥补的！

人生最大的苦痛莫过于失去了自由。贪欲葬送了我美好的前程，把我送进了牢房。面对高墙电网，面对十一年漫长的刑期，我很懊悔，很痛苦。人生正值黄金年龄段，本应担当起更多的社会和家庭责任，我却失去了自由。没有了自由，一切的一切皆已成为泡影。

我大学毕业后，在海南大学任教没几年，就被省委组织部选调给一位省政协领导当秘书，这是我做梦也不曾想到的。欣喜之余，我决心做好本职工作，让组织上放心，让领导满意。由于工作比较出色，我很快赢得了领导的好评，这位领导也渐渐成为我的恩师挚友。

记得当时海南建省之初，各路建筑大军涌入海南，房地产开发浪潮势不可挡。一些亲朋好友、同事、下属及公司的老总也常来找这位领导，托他要项目，并承诺事成之后给这给那。然而，面对这一切，这位领导均笑脸相迎，冷脸相送，一一拒绝。他对我说："小王，你现在当我的秘书，将来可能要独当一面，定要切记，拿人家的手短，吃人家的嘴软。人家送给我东西，看重的是我手中的权力。任何身在其位的人，只有立足于正确的权力观，明辨是非，才有可能经受得住各种诱惑的考验，否则，守得住一时，守不住一世。"在这位恩师挚友的谆谆教诲下，我固守职业道德的底线，努力工作，在 31 岁时被提拔为副处级领导干部，34 岁升为正处级领导干部。

2004 年 4 月，我被提升为海口市国资委党委书记，当上了"一把手"。从此，找我办事的老板多了，各种诱惑随之而来，在诱惑面前，我淡忘了那位恩师的教诲，渐渐地失守了思想防线，最终被糖衣炮弹击中。

我终生难以忘怀的是，2002 年秋，70 岁的老父亲在临终时紧握着我的手对我说："孩子，你现在大小也是个当官的，记住一句话，当兵不怕死，当官不贪钱。只要这样，人生就没有走不好的路。”从那时起，我把父亲的临终叮嘱谨记心中，时刻提醒自己，一定要做个勤政廉洁的好官。

然而，当我成为海口市国资委党委书记后，当年父亲临终前的叮嘱被我淡忘了。2006 年，通过朋友介绍，我为海南一家房地产公司要到一个工程项目，收下了这家房地产公司副总裁吴某送来的 2 万元。贪欲之门一旦打开，便无法关闭。由受贿 2 万元开始，我渐渐地陷入了犯罪的泥潭，而且越陷越深。我真是有愧于我的恩师，有愧于我的父亲。不过，如今说什么都晚了。

当我拿到判决书时，那种失去自由的切肤之痛难以言表。我反复叮咛妻子和朋友，恳求她们不要将我的事告诉 80 岁的母亲，因为她老人家承受不起这种打击。在狱中，失去自由的我经常想，假如能有重新选择的机会，不管干什么，哪怕多苦多累，只要是自由的，我都会百倍珍惜，因为那绝对比坐牢好上一万倍。现在我才知道什么叫痛不欲生、什么叫追悔莫及，也才真正知道这世间真的没有后悔药可买！如今我所能做的，只有面对现实，为了亲友的企盼和等待，自己只有好好改造，争取早日回到社会，重新做个对社会有用的人。

【简评】

父母是人生最早的老师，恩师挚友可作一生的向导。王某是很幸福的，因为有一个明白事理的父亲；王某是很幸运的，因为遇上一位赏识、关心、提携自己的好领导，也是他的恩师挚友。父亲要他记住一句话：“当兵不怕死，当官不贪钱。只要这样，人生就没有走不好的路。”恩师对他讲：“一定要切记，拿人家的手短，吃人家的嘴软。”“立足于正确的权力观，明辨是非，才有可能经受得住各种诱惑的考验，否则，守得住一时，守不住一世。”父亲和恩师对他讲的话都是人生经验和智慧的结晶，都是真心为他好而发自肺腑的忠告，也都是为人处世、防腐助廉的金玉良言。然而，两人的话他都没有真正听进去，都没有入脑入心。结果，他不能严格自律，无法持正守廉，逐渐堕入腐败泥沼。王某的所作所为已经完全违背了父亲、恩师的意愿，枉费了他们的良苦用心，也辜负了两人的殷切期望。现在想来，王某必然是在强烈的诱惑面前迷失了自我，所以无法想起父亲的叮嘱和恩师的劝诫，更不用说按照两人的说法去做、去抵御腐败的侵蚀了。这样，他陷于腐败绝境也就在所难免，到头来只有深深的悔恨、痛不欲生和追悔莫及了。

“我的犯罪拖累了妻子，她也因此锒铛入狱”

——中国国际贸易促进委员会原副会长刘某的忏悔

2006年11月，天津市第一中级人民法院一审判处刘某有期徒刑十二年。经查，刘某利用职务之便，为他人与贸促会法律事务部合作成立企业提供方便，伙同其妻收受现金、汇票等折合人民币50万元。

【忏悔选摘】

2006年11月27日，是我人生的分水岭。这一天以后，我从领导干部的位置上跌入了人生的深谷，成为一名罪犯，我的生活也发生了翻天覆地的变化，伴随我的将是漫长的服刑改造岁月，前后的落差不是言语所能表达的，我承受的痛苦也到了极限。

在从事国际经济贸易促进工作的那些年，我曾经多次组团出访，参加国际展览、招商引资，参加国际会议，先后到过100多个国家，多次受到国家元首的接见。在国内，也多次接待到访的外国元首，接触国家领导人的机会也很多。我同时还是我国国际贸易仲裁委员会副主任、中国法学会仲裁研究会主席。我以前的生活，到处充满鲜花、阳光和掌声！然而，一旦变成罪犯，与我朝夕相伴的是杀人犯、抢劫犯、强奸犯、贩毒犯、诈骗犯等。从此，再也没有宴会红酒了，能有一顿可口的饭菜就不错了；再也用不着笔挺的西装和锃亮的皮鞋了，一件囚服足矣；再也住不着高级宾馆了，有的只是几十名在押人员蜷伏在一起的大通铺；再也没有优雅的旋律了，耳边常常回响的是死囚手铐脚链发出的令人心寒的撞击声。当我第一次吃看守所的饭时，是和着泪水一口一口把馒头强咽下去的。这一切的一切，天渊之别，反差之大是难以表述、难以接受的，头发一下子全白了，我的心理到了崩溃的边缘！

我的犯罪不仅给党组织带来极坏的影响，也给我的家庭和自己带来了极大的伤害和损失。首先是给党的声誉和国家的贸促事业带来了极大的负面影响。党培养一个干部花费了多少心血，我却辜负了党的培养，给党抹黑，为此我深感愧疚。中国贸促会也叫国际商会，在国际上很有影响，我的犯罪对贸促会，尤其对国际贸易仲裁委员会的声誉造成了不良影响。其次，我的犯罪对妻儿、兄弟也是一个极大伤害，使他们的身心蒙受极大的创伤和耻辱，他们因此承受了很大的社会舆论压力。我似乎看到亲人们在社会上直不起腰杆，抬不起头走路，这是多么悲哀啊。特别悲哀的是，我的犯罪还拖累了妻子，她也因此锒铛入狱，现在天津市女子监狱服刑。由于工作性质，我长年在外奔波劳碌，我们夫妻聚少离多。妻子一个人肩负着哺育孩子、孝敬老人，身兼母亲、妻子、保姆数职，含辛茹苦，实在太不容易。本来我在心里默默许愿，等退休后，要好好陪陪她，看看祖国秀丽河山，可谁曾想到落到这般境地，还连累了妻子在监狱里受煎熬。我妻子也因行贿人送到家里来的50万元，以共同犯罪被判处有期徒刑五年。开庭审判那一天，天啊，仅一年多的时间，妻子竟然满头白发，身体那么瘦弱。看着她用双手扶着楼梯扶手，艰难地一步一步上着台阶……我终于控制不住情感，失声痛哭！最后，对我自己的打击和损失也是不可言状的。我2005年1月份已退休，退休后有退休金、有房子，用车单位有保障，生活条件很好，可以和可爱的孙女朝夕相处，更欣慰的是还可以尽孝心，孝敬一双90多岁的老人，共享天伦之乐。可是现在这一切都破灭了。我只有在梦里见到他们，只有愁肠百结！我在家乡工作了20多年，为家乡建设出了力、流了汗。家乡的领导、父老乡亲对我都很敬重，而今我是一个罪犯，今后我又如何面对家乡的领导、父老乡亲呢？我的余生在哪里度过呢？2007年7月，当我看到中央纪委开除我党籍的处分文件时，悲痛得说不出话来。在党的怀抱里生长了几十年，由于我背叛了入党誓言，沦为一个罪犯，玷污了党的声誉，所以被开除了党籍。我的政治生命完结了，曾经的威望，曾经的荣耀，现在全毁了，只落得身败名裂。一失足成千古恨！

经过认真反思，我确实感到有一些深刻教训，广大党员干部要以我为戒。

第一，身为党员干部，就必须牢记入党誓言，甘居清廉。我1985年任汕头海关关长，1991年提任中国海关总署副署长，1998年调任贸促会副会长。在这前几十年的工作中，我基本上还能做到用党员的标准要求自己，也经受了组织的考察、考验。但是临近退休的几年，我放松了对自己的要求，思想松懈了，资产阶级的价值观侵袭了头脑，对公务员的生活不满足了，认为比较清贫，考虑到退休后收入减少，但是退休后的生活又想安排得舒适些、多彩些，就认为有机会还是要多积累点钱。这种不甘清贫的思想是我犯罪的思想基础。

现在，我回过头来看自己的历程，我既然在党旗下入党宣誓，信仰马克思主义就应该始终如一，不“离经叛道”，不为世上横流的物欲所动，应该甘居清廉、知足常乐。

领导岗位和荣誉来之不易，要更加珍惜。我是过来人，深知一个人要奋斗到厅局级这样级别的领导确非易事：先要经历十几年的苦读书，然后要在工作实践中努力拼搏，还要历经许多考察、考评，才能一步步走到这样的级别，走上领导岗位。这其中不仅自己要付出许多辛劳和心血，亲人们还要作出许多无私奉献。因此，一定要珍惜今天这个工作岗位和荣誉。古人云：“君子爱财取之有道。”面对着金钱的诱惑，千万要有定性，不能动心，不能眼红。要记住老一辈革命家陈毅元帅的教诲：“手莫伸，伸手必被捉！”

第二，必须十分警惕身边工作人员的贿赂行为。我对社会上的腐蚀与反腐蚀斗争的复杂性还是比较警觉的。但是对身边工作人员的行为却失察，丧失应有的警惕，情与法之间不能正确处理。我这次犯罪其中一个原因就是太重感情。我原先工作单位的秘书，还是同乡，因伪造公文罪被判三年，缓刑三年，而后离开单位，自己经商去了。后来我调到贸促会工作，当他知道贸促会法律部要成立一个合作服务公司时，便来找我，要求介绍他与贸促会的法律部部长认识，谈谈合作的事。本来我不该介绍他去找法律部。但是，我太重感情，抹不开面子，还是介绍他去了。后来，注册成立了合作服务公司。为了感谢多年对他的关照，他让他的妻子送50万元到我家里。因为有了这种乡亲和同事的关系，他才能走进我的家门；也正是因为有这种关系，使这种行贿行为披上“情义”的迷彩服，使我丧失警惕，没有断然拒绝。

所以，我想在这市场经济逐渐完善，商业贿赂还处在多发、易发的今天，应该警惕身边的工作人员，对秘书、同事等交换着手法的行贿行为更应明察，其危害更为可怕。

【简评】

从天堂到地狱只有一步之遥，从廉洁到腐败也仅仅一念之差。刘某这位曾经工作37年、党龄34年的高级领导干部，在临退休之际因为经不住50万元的诱惑，一下子成为罪犯。前后落差之大，对比之强，可想而知。从鲜花、阳光和掌声到与铁窗朝夕相伴，从宴会、红酒到大锅饭菜，从笔挺西装、锃亮皮鞋到身穿囚服，从住高级宾馆到挤睡大通铺，从享受优雅旋律到长听手铐脚链撞击的声音，在这种强烈对比、急剧变化的冲击之下，他所受到的心灵痛苦、灵魂煎熬，难以言表。用刘某自己的话讲，“承受的痛苦到了极限”，“头发一下子全白了，心理到了崩溃的边缘”。

作为一名高级领导干部，本应忠实履职，为党尽忠，为国尽职，为民尽责，但是刘某却违背职责，以权谋私，触犯刑律，危害严重。他十分惭愧，感到自己对不起、对不住的太多。一是辜负了党的培养，给党抹了黑，对贸促会、国际贸易仲裁委员会声誉造成了不良影响。二是对妻儿、兄弟造成极大伤害，使他们蒙受创伤与耻辱，承受着舆论的压力，直不起腰杆，抬不起头来。特别是拖累了妻子，让她也因此锒铛入狱。他长年在外，夫妻聚少离多，妻子奉老育子，含辛茹苦，本已欠下她太多。仅一年多时间里妻子竟然满头白发，身体瘦弱，他更是深感不安。三是对不起自己。本来退休后有车有房有退休金，可以尽孝心、享天伦。但是因为犯了罪什么都没有了，曾经的威望、荣耀全都毁掉，只落得身败名裂。由此可见，领导干部一言一行绝非孤立，而是与党和国家、社会、单位、家庭紧密相连的。领导干部所想所为不能只考虑眼前而不顾将来，不能只算计部门而忘记全局利益，不能只考虑个人而忽略集体和他人。腐败伤害的不仅是自己，而是党组织、国家、单位和家庭。所以，领导干部务必慎重，凡事三思而后行，想想领导岗位和荣誉来之不易，想想自己曾经付出的辛劳和心血，想想亲人为自己的无私奉献，就应清醒起来，增强抵抗诱惑的定力，作出明智选择。

“因为我出事，
我的女儿找对象都很困难”

——河南省南阳市住宅统建办公室原主任雷某的忏悔

河南省南阳市住宅统建办公室原主任雷某利用职务便利，非法收受他人财物93万元，为他人谋取利益。2009年11月，雷某被法院判处有期徒刑十一年。

【忏悔选摘】

我在南阳市从事房地产开发11年，经我之手开发建成6个住宅小区，建筑面积达40多万平方米，向社会提供了4000多套房子。我所在的单位多次获得市级开发优秀企业称号，我个人也多次受到奖励。我的事迹当地报纸刊登过，电视台报道过。在南阳市房地产界，我也算是一个小有名气的人物。

正当个人事业有成时，我在一个联合开发项目上出了事，从一名党员干部沦落成一名罪犯。

2008年我所在的单位有一个经济适用房开发建设项目，这个项目是南阳市政府重点工程项目，要求完成的时间很紧，当年征地当年开工建设。因开发项目较大，单位资金有缺口，需要与一个资金比较雄厚的开发公司联合才能完成。当时有几家房地产开发公司都来找我，要求参与联合开发。由于竞争很激烈，他们为了争得联合开发权，有的找关系向我说情，有的送钱送物，我都一一推了回去，决定面向社会公开招标。经过筛选，最终确定了一家开发公司。

在我亲自参与和指挥下，该开发项目从征地、规划，到各项手续审批，都进展得很顺利。项目开盘一个月，房屋就销售一空，盈利3000多万元。合作方经理很高兴，加上平时我们工作配合默契，关系融洽，彼此之间都感到成了知心朋友，当对方经理提出送给我干股表示感谢时，我想：项目没有招标时，若有人送给我钱，我收了是受贿，是犯罪；现在项目已经快完成了，有人送给我钱，我们是朋友关系，这与工作没有联系，不是受贿犯罪。在这种思想的支配下，我收下了对方以干股名义分三次送给我的93万元。不仅害了自己也伤害了家人。

就是这一念之差，使我走上了犯罪的道路，不但断送了我的前程，害了我自己，同时也极大地伤害了家人。

我被捕后，我的爱人受不了这种打击，天天忧心忡忡，终于忧虑成疾，精神失常。因为我出事，我的女儿找对象都很困难，条件好的人家谁也不愿找一个“受贿犯”的女儿处对象。我的80岁老母亲听说这事后，不吃不喝整一个星期，整日以泪洗面，思儿念儿，天天盼儿归。

每每想起这些，我就后悔不已，心情沉痛，深深感到对不起家人，更对不起党组织对我多年的教育培养。

入监后，在监狱领导和监区领导的帮助教育下，我深刻剖析了自己的犯罪心路历程。究其原因有以下几个方面：

我平时以工作忙为由，忙工作、忙应酬，不注重学习党的政策和国家法律法规，更谈不上知法懂法，没有用法律来约束自己的言行。

在平时工作生活中，我放松了对自己的要求，认为现在大环境就是这样，自己吃点、喝点、收点也没有什么。在这种错误思想的支配下，廉洁自律的警钟没有经常敲，思想上出现滑坡，慢慢走上了犯罪道路。

放松对自己的要求，导致我党性不强，立场不坚定，法律意识更加淡薄。我认为自己在这个项目上出了那么大力，跑了那么多路，吃了那么多苦，而且自己在开始时坚持原则，没有接受钱物，现在整个项目都快结束了，收点干股也是应该的。因此，面对对方经理送来的钱，我就心安理得地收下了。

我还存在攀比心理，当看到一些职位、地位都没我高的人，却在吃、穿、住、行等方面都比我强时，我的心理失衡了。在金钱面前，我意志不强，经不起诱惑，没能把握住自己，最终迷失了方向，成了金钱的俘虏。

侥幸心理也是我走上犯罪道路的原因之一。我认为即使自己违纪违法了，也只有送礼人和我两个人知道，别人不会知道，只要对方不讲，谁也查不出来，应该不会出什么事。

然而，天网恢恢，疏而不漏。东窗事发，为时已晚。法院对我依法判了刑，我从一名党员干部变成了一名罪犯，失去了自由。

各位领导干部要以我为戒，平时少一点应酬，多一点学习。要学习法律法规，让法律根植思想深处，筑牢第一道防线。平时少一点放纵，多一点自控，要始终绷紧防腐这根弦，警钟长鸣。平时少一点攀比，多一点自我要求，不讲排场，不比阔气，不抱侥幸心理，不做违规违法的事，在思想深处要“法”字当头。

人怎样生活最幸福？自由最幸福。一旦触犯法律就失去了人身自由，没有了人身自由就不能孝敬父母，没有了人身自由就不能养儿育女，没有了人身自由就不能分担妻子的忧愁。失去人身自由的那种痛苦，那种煎熬，那种后悔的心情，是无法用语言来形容的。此时此刻，我的愧疚之心无以言表。

我决心认真学习党的政策和国家法律法规，认罪悔罪、服从管理、接受教育、参加劳动，正确对待改造，遵守监规狱纪，争取早获新生，以此来报答组织和政法部门对自己的教育和挽救，报答社会，报答父母的养育之恩，早日给妻子和孩子一个圆满的家庭。

【简评】

雷某没有想到腐败犯罪的后果是那么残酷。雷某被捕后，他爱人承受不了打击，忧虑成疾，精神失常；女儿找对象很困难，因为条件好的人家不愿找一个“受贿犯”的女儿处对象；80 岁老母亲不吃不喝整一个星期，整日以泪洗面，思念儿子，天天盼儿归。每当想起这些，他就后悔不已，心情沉痛，深感对不起家人，也愧对组织的多年教育培养。在雷某一帆风顺、人生得意之时，以上情形是无法想象的，也是断断不会出现的。当他享受腐败带来的短暂快感，沉湎于暂时的“幸福”之中，他绝没有想到这一切只是南柯一梦，所有的非法所得仅仅是让他过了把“手瘾”而已，到头来又全部失去。其实，人生在世不只是享受，尤其是不应享受非法收益带来的快乐。既然担当不同角色，就需要承担多方责任，对组织、对单位负责，也对家庭、亲友负责。如果一旦触犯刑律，那么必然要失去人身自由。与此相关，必然无法孝敬父母，无法养儿育女，无法分担妻忧子愁。这是一种别样的痛苦、无奈的心境、难挨的煎熬，无法用语言形容。腐败带来的巨大危害，不光对自己，更是对组织、对家庭。暂且不论给党和国家造成的损害和恶劣影响，也不论给单位和部门造成的损失和恶果，单就给个人和亲属造成的极大伤害和痛苦，就足以让人夜不能寐。所以，广大公职人员应当慎思慎行，为了维护家庭幸福，不给亲人造成身心伤害，必须牢牢守住纪律的底线。

“清清白白的为人是给亲人们最好的礼物”

——江苏省射阳县经济开发区管委会原党工委书记、主任孙某的忏悔

2015年3月12日，江苏省射阳县经济开发区管委会原党工委书记、主任孙某，被盐城市中级人民法院判处其有期徒刑九年，并处没收财产80万元。经查，2008年3月至2014年初，孙某利用职务便利，收受他人款物折合人民币295万余元，为他人谋取利益。

【忏悔选摘】

我是一个有30多年工龄、入党25年的党员领导干部。在党组织的精心培养下，我从一名普通工人成长为一个副县级干部，我本应倍加珍惜，勤奋工作，可是，近几年特别是到射阳经济开发区工作以后，我放松了对自己的要求，自律意识、法律意识、奉献意识日趋淡薄，人生观、价值观不断扭曲，自己的行为与党员领导干部的准则渐行渐远。

回首这几年的工作、生活，我结交了一些生活上奢靡的所谓“朋友”，被“有权不用过期作废”等腐朽思想所俘虏，贪欲逐渐

挤满了自己的内心世界，不知不觉中在违法的道路上越走越远。我担任射阳县经济开发区管委会主任期间，一方面不顾财政状况和实际需求，大拆大建，过度举债兴建豪华办公楼等设施；另一方面利用职务之便，为建设单位谋利，收取巨额贿赂。对我来说，大搞工程建设是“一举两得”，不仅为自己的政绩加分，还能成为谋取私利的“摇钱树”。

今天的我，给党的形象造成了极为恶劣的影响，想到自己犯下的罪行让组织蒙羞，给公务人员的形象造成损害，我无地自容。我不知道自己今后有何脸面去面对多年来辛勤培养教育我的师长，有何脸面去见曾经高度信任、全力支持我的干部职工们。在失去自由之后的反省中，我认识到：人的名节最重要，自由最宝贵，奉献最幸福，守法最光荣。

我无数次隔着铁窗望着外面的天空，回想起自己曾经在各个岗位为党的事业与干部职工共同奋斗的岁月，为自己从此永远地失去这个资格潸然泪下、痛心疾首！在夜深人静的监房，我夜夜都会想到年近九旬、因病卧床的母亲，智障的大哥和刚刚步入社会的女儿。每天夜里，魂牵梦绕我的是母亲摇着空了的药瓶要我去给她买药的叮嘱；梦见大哥拽着我的衣角，让我陪他出去逛逛的身影；梦到与女儿在一起读书看电视的情形……每一天我都在与亲人的相见中惊醒，以失魂落魄的惊悸、悔恨交加的泪水，迎接一轮又一轮升起的朝阳。当看到女儿在在押人员入账单上的签名时，我万万没有想到，女儿的第一笔工资竟是给她父亲在牢狱里使用。每当想到亲人们因我犯罪而在他人面前抬不起头的窘境时，撕心裂肺的痛楚就压得我喘不过气来。

今天的我，虽然明白了忙忙碌碌的工作最让人向往、清清白白的为人是给亲人们最好的礼物、粗茶淡饭的日子最使人惬意的道理，但这一切都悔之晚矣！我真诚地盼望所有的公务人员以我这个反面典型为鉴，走好人生每一步，享受美好生活的每一天！

【简评】

孙某在忏悔中讲，清清白白的为人是给亲人们最好的礼物。这是他对自己腐败犯罪的深刻反思悟出的道理。因为没有管好自己，他利用职权搞腐败，不仅永远失去了为党工作、为国履职、为民办事的资格，而且严重玷污了自己的名声，毁掉了自己清清白白的形象，为此他经常潸然泪下、痛心疾首。他尤其是感到对不起家人，感到十分歉疚，每当夜深人静之时都是他想念家人之时。他想起了年近九旬、因病卧床的母亲，想起了智障的大哥，想起了刚刚步入社会的女儿，他除了对他们的牵挂、对他们的歉意，对他们的无助之外，就是失魂落魄的惊悸、悔恨交加的泪水。亲人们因他腐败而抬不起头，因为他腐败而困窘，这都让他十分难过。经过深切的反思，他特别领会到清清白白地做人的重要，提醒大家以此作为给亲人们最好的礼物。公职人员只有保持清清白白才能对得起自己的亲人，才能走好人生路，享受幸福平安生活。

“为了亲情，一定要把握自己、远离诱惑”

——上海电气（集团）总公司原党委副书记、常务副总裁韩某的忏悔

上海电气（集团）总公司原党委副书记、常务副总裁韩某在其任职期间，多次索取或者非法收受他人财物，共计折合人民币618万余元。2007年9月23日，被以受贿罪判处无期徒刑，剥夺政治权利终身，并处没收个人全部财产。

【忏悔选摘】

是党把我培养成为大型国企的干部，我理应十分珍惜这来之不易的岗位，但遗憾的是，随着职务和年龄的升迁，我的私欲也开始膨胀。

在工作中，我结识了一些民营企业的老板。2000年下半年的一天，一家民营企业老板找到我说：“我来上海发展了，请你帮帮忙，介绍一些人给我认识。我的事业要是成功了，你退休以后的生活就包在我身上。”尽管他的话与我的想法“不谋而合”，但我当时还是心存疑虑，担心万一出事，所以只是应付而已。可当他第一次就给了我10万元后，我的想法变了，觉得这个人出手大方，为人又比较低调。我何不利用自己的社会资源、人脉关系助

其发展，将来他事业发达了，肯定不会忘了我，我退休以后的生活不就有指望了吗？

口子一开，便一发不可收拾，我先后收受他的贿赂达300余万元。我为他引荐领导、政府官员和国企老总，为其非法侵占国有资产穿针引线，使其能从上海社保基金中贷款数十亿元，认购国有沪杭高速公路的股权，参与上海电气集团的股份制改造并挪用国有资金给其作为参股资金等。在上海，他的个人资产在短短6年时间里，由数千万元暴增到数十亿元。我成了不法商人的代理人，造成国有资产严重流失。

按照常理，我主管着一个有20万员工的集团工作，年薪近40万元，晚年生活应该是幸福有余的。而我却为谋求不义之财，最后沦为阶下囚。

受贿不仅让我为之奋斗了几十年的事业毁于一旦，也给我的家庭带来了严重的创伤。失去的亲情是难以弥补的，一想到亲情，我悲痛欲绝，彻夜难眠。

以往我因为工作忽视了对家庭的关心。经历了风霜雪雨，一直以来真正关心、支持我的亲人，现在成了受伤害最重的人。因为我的犯罪，一起生活了30多年的夫妻天各一方。妻子写来的信让我心如刀绞："在你出事后相当长一段时间里，我无法一个人待在家中，门铃声、电话声……甚至连楼道里的脚步声都令我莫名其妙地恐惧。打开你的衣柜，翻看你上班用的拎包，我除了流泪还是流泪……"

因为我的犯罪，当时尚在求学的女儿精神上失去了支撑，我女儿因想我常常梦中哭醒。今年3月，我的女儿有了孩子，当看到外孙女天真可爱的照片时，我悲喜交加。喜的是自己有了第三代，悲的是我只能在监狱里和外孙女遥遥相望，心中有多凄惨啊！

因为我的犯罪，我不能对年近九旬的母亲尽孝。为了减少母亲的精神痛苦，我的家人至今没有将我被判刑入狱的事告诉她。我不知道在母亲的有生之年，我还能不能见上她一面！可怜天下父母心，如果母亲知道我的可悲结局，将会产生怎样的后果，我不敢想！什么是亲情？这就是锥心刻骨的亲情啊！

常人的花甲之年，应该是尽享儿孙绕膝的天伦之乐。而我的花甲之年却面对牢狱之灾。“每逢佳节倍思亲”，在花好月圆的中秋之夜，在合家团聚的除夕之时，我只能面对铁窗，仰望天空，有温馨的家不能归，曾朝夕相伴的老伴不能聚，对母亲的养育之恩不能尽一份孝心。早知今日，何必当初啊！

说这些，我不怨天尤人，正是我当初的贪欲，才把自己送进监狱，这是我罪有应得。我只想用我的忏悔警示人们：要珍惜人生，把握自己。这是我的人生感悟。享受亲情，首先要珍惜人生，人一旦失去自由，才会感到自由的可贵；一旦失去团聚，才会感到亲情的珍贵。如今，亲情已成为我赖以生存的力量源泉。再多的金山银山也抵不上亲情重如山。在我最困难、最痛苦的时刻，金钱是无助的，唯有亲情才是长久的。

为了亲情，一定要把握自己、远离诱惑。只有不断增强忧患意识、风险意识和责任意识，才能防患于未然。只有清清白白做人、光明正大干事，才能事业有成。偷偷摸摸聚敛不义之财，必然是身败名裂，这就是我今天的下场。

我十分感激吉林省委省政府，特别是省司法系统有关领导对自己政治上的教育、思想上的挽救和生活上的关心，从而也使我进一步感受到亲情的力量，增强了认罪悔罪、重新做人、将功赎罪、争取早日回归社会的信心。为了今天的忏悔，我一边写一边流泪，心灵一次次受到震撼，一连数日寝食难安。但是，如果我的忏悔能给人们一点警示，我会坚持做下去。

【简评】

作为有20万员工的集团公司的老总，韩某在21世纪之初年薪就已近40万元。按理说，这么高的收入保障他的晚年生活应当绰绰有余。但是，他却被一个民企老板“你退休以后的生活就包在我身上”的话所触动，并在送给他10万元后，彻底溃败，成为人家致富的好帮手。结果，他因犯受贿罪被判处无期徒刑，不仅使事业毁于一旦，也给家庭带来严重创伤，以至黯然神伤，悲痛欲绝。他的腐败给亲人带来了极大伤害，家庭破散，30多年夫妻天各一方，妻子害上莫名其妙的“恐惧症”，不住地为他流泪。尚在求学的女儿失去精神支撑，常在梦中哭醒。到女儿有了天真可爱的孩子，他也不能去当面看看，亲手抱抱，只能远远遥望。母亲年近九旬，他不仅不能尽孝，还不得不隐瞒被判刑入狱的真相，也不知今生能否见上一面。人们在花甲之年，都在尽享儿孙绕膝的天伦之乐，而他却面对着铁窗度日如年，想来悔不当初。由于过分的贪欲，不知满足，他把自己送进监狱，实属咎由自取。这份经历让他深刻认识到亲情是人生最为长久的力量源泉，亲情重如山。所以他劝诫大家，要珍惜人生，珍重亲情。尤其是为了亲情，一定要把握自己、远离诱惑。要做到这一点，就必须自重自律，从保持廉洁做起。

图书在版编目（CIP）数据

让家庭远离腐败：30个家庭腐败典型案例的警示与忏悔/《让家庭远离腐败：30个家庭腐败典型案例的警示与忏悔》编写组编写．—北京：中国方正出版社，2019.6

ISBN 978－7－5174－0713－3

Ⅰ.①让… Ⅱ.①让… Ⅲ.①反腐倡廉—案例—中国 Ⅳ.①D630.9

中国版本图书馆CIP数据核字（2019）第148830号

让家庭远离腐败

——30个家庭腐败典型案例的警示与忏悔

RANG JIATING YUANLI FUBAI：30GE JIATING FUBAI DIANXING ANLI DE JINGSHI YU CHANHUI

本书编写组 **编写**

责任编辑：杨 睿
责任印制：李 华
责任校对：李兴格

出版发行：中国方正出版社
（北京市西城区广安门南街甲2号 邮编：100053）
编辑部：（010）59594619 出版部：（010）59594625
发行部：（010）66560936 门市部：（010）66562733
网 址：www.lianzheng.com.cn
经 销：新华书店
印 刷：北京圣夫亚美印刷有限公司

开 本：787毫米×1092毫米 1/16
印 张：15
字 数：159千字
版 次：2019年7月第1版 2019年10月北京第3次印刷

ISBN 978－7－5174－0713－3 定价：35.00元

（本书如有印装质量问题，请与本社发行部联系退换）